13월의 시

창작동네 시인선 160

13월의 시

인　쇄 : 초판인쇄 2023년 2월 20일
지은이 : 정설연 외
편집장 : 정설연
편집인 : 윤기영
펴낸곳 : 노트북
등　록 : 제 305-2012-000048호
본　사 : 서울시 동대문구 사가정로 256-4호 나동B101
전　화 : 070-8887-8233 팩시밀리 02-844-5756
H　P : 010-8263-8233
이메일 : hdpoem55@hanmail.net
판　형 : 신한국판형_P256_145-220

2023 2월 & 13월의 시_40인의 명작시 산책

정　가 : 15.000원

ISBN : 979-11-88856-61-9-03810

*저자와의 협의로 인지는 생략합니다.
*잘못된 책은 교환해 드립니다.

40인의 감성연가

13월의 시

도서출판 노트북

명작시 산책

정설연...008
13월의 시
동백꽃의 심장
아버지의 강
아침의 노래
팔당의 겨울

김강회...014
시인의 집
안부(安否)
붉은빛 연정
이태원의 그날
왕방계곡

김광선...020
바람의 눈물
갈대
김장김치
양미리의 삶
가장

김미자...026
내 마음의 그리움
가을 남자
고추잠자리
무조건 바라기
천상의 문

김선순...032
푸른 청춘
군상
김칫독
바람의 언어
재봉틀

김연정...038
황혼의 길목에서
그냥 살아야지
인생
민들레야
꽃이고 싶어라

김용철...044
당신을 읽으면 슬퍼 보인다
면역
그대가 건네준 말
태종대
머리를 감겨 드리며

김종석...050
아이들의 장학금
솜사탕
손편지
가로등
작별의 리허설

김지희...056
떠나가는 가을아
꽃과 나비
사랑의 멜로디
가을하늘
가을아

김현숙...062
금고
생활의 진리
접시꽃
두 바퀴로 달려온 인생길
겨울 날갯짓에 아파요

문제연…068
희망을 바라보다
지혜로운자
삶 속의 행복
인연의 사랑
가을이 익어가는 소리

박완실…074
어머니의 꽃동산
그대는 나의 마음 창고
인생은 아름다워
행복커피
가을을 가슴에 품다

손옥희…080
바람이었다
마지막 잎새
내 맘속에 보이는 겨울
돌탑·1
너는 바람이었다

송연화…086
내 사랑은
겨울비
그립다
희망꽃
동트는 아침

신성용…092
만추의 단상
소쩍 울음을 삼키는데
이명耳鳴
입춘
하늘길은 변함이 없다 해도

양태인…098
빈자리
상담실 4번방
장수천 단상
참외출
환생

오지숙…104
나목을 보고
주소 없는 엽서
내려놓는 마음
그리운 사람
수취인 없는 엽서

윤광식…110
우리가 가는 길
어느 병실의 순애보
초혼(招魂)
가을이 지는 언덕
바람에 실려 가는 넋

윤기영…016
동백꽃이 부르면
무지개 다리
두상화(頭狀花)
소래포구의 별들
광교호수의 창가

윤민희…122
지천명
너에게
애기똥풀
이상한 친구
가을 예감

명작시 산책

윤석진...128
도둑게
나는 은사시나무입니다
서리꽃
야생화
탑골공원
윤외기...134
갈바람이 전하는 연서
바람에 꽃잎 스치듯
여백의 강(江)
올가을에는
구절초
이경희...140
마늘
빨간풍선
맷집
촛불
함박눈
이동구...146
가을의 일기
붉은 잎새
오늘도
삶
마지막이 오기 전에
이종관...152
가을
그대 품안에
10월의 끝날
선운사
가을비

이춘운...158
사랑을 할 수 있었다면
받아준 사랑
내가 너를 사랑 한 것은
두산 같은 사랑
도봉산에서
이향숙...166
늘 처음처럼
더 나은 내일을 위해
아름다운 시월에
아름다운 마무리
겨울비 내리는 날
이현천...172
그림자
백미(白眉)
문득
빈집
가을 닮은 삶이 소서
임선미...178
꽃물
고등어
가을 그리고 이별
어머니의 꽃밭
잠시 너의 곁에 살았던 나
임윤주...184
커피 향기 가득한 날
그리움 · 5
가을 속으로 스며든다
물 흐르듯 자연스럽게
별 그리고 그대

임하영...190
독백
10월이 오면
중년을 즐기자
또 하나의 추억
퇴근길

임효숙...196
새벽을 연다
가을 배추꽃
사계절 청춘이다
봉선화 연정
가을의 기도

장정희...202
가을이 오는 소리
하늘거리는 쑥부쟁이
바스락거리는 낙엽소리
자유로운 영혼의 비상
가을의 향기가 묻어나오면

정병운...208
선과 원 線과 圓
침묵소고 沈默小考
연리지
비밀
좋은 사람 나쁜 사람

정수옥...214
해바라기
복수초
기다림
친구
행복이 가져다준 선물

정용완...220
비가 내려요
가을
나뭇잎이 떨어져
홍시 하나
부르프 카페

주효주...226
연이은 기상이변
지금도 자연에게
잘못된 씨앗
외길 인생
태풍

최정민...234
빛무리
여백
도요새의 월동
허공
산국
동백꽃과 동박새

탁경민...242
능소화의 한(恨)
샛별을 품다
억새 풀
청산유수(靑山流水)
나뭇잎 씨앗

한현수...248
타버린 사랑
낙엽 비
온 듯 간 듯
달팽이
독자의 마음

초 대 시

정설연

시인. 낭송가와 작사가로 활동하고 있으며 시집으로 『내 마음의 자명고(自鳴鼓)』『고독이 2번 출구로 나간다』와 시낭송 앨범『제1집 조금은 아파도 괜찮습니다』『제2집 그대 고맙습니다』『제3집 모두가 사랑이에요』『정설연의 시 마이웨이』가 있으며 현대100주년기념 전국시인대회 대상 미당서정주시회문학상(2014) 한국문학비평가협회문학(2015) 제1회 안정복문학상대상(2018) 한국출판문학대상 제1회 아차산문학상대상(2021) 한국문학예술진흥원 명시인 수상(2022) 등 수상.
현)현대시선 편집장, 심사위원으로 활동 중

13월의 시

정설연

결과 결을 부딪치며
무진무진 길을 걷는
그 시린 행간에 초대받은
낯익은 몇 개의 형용사를
마중물이라 부른다

안의 물관 속에서
꿈틀거리는 꽃눈의 부력은
밖으로 잎사귀 돋느라
늑골 깊숙이에서 빠져나와 둥둥
마중물 꽃말을 옹알이한다

열 손가락은 둥글게 몸을 말아
소리의 둘레를 맴돈다
줄임표들 둥근 고요의
굽은 등을 일으켜 세워
뚜벅뚜벅 직립보행을 해야 한다

12월과 1월 사이의 에필로그.

정설연

동백꽃의 심장

정설연

붉은 꽃잎에 앉으려던 바람은
발바닥을 데인 듯
화들짝 놀라 뛰어오른다
툭, 툭 떨어뜨리는 화끈거림에
발을 살짝 들어본다

눈시울 붉어진 마음은
두 발 가만 모으고
눈으로 꽃잎을 주워 올린다
꽃잎이 툭 떨어질 때마다
다시 올려놓는다

숲에 두고 온 새 소리
사진 속 나뭇가지에 앉아 울 때
추억을 들여다보는 내 눈에도 꽃 핀다
동백꽃 심장 소리
온몸에 열꽃을 피운다

아버지의 강

온종일 겨울 강의 뼈 소리에
무릎은 잠기고
날개는 겨드랑이에 물소리를
새알처럼 품는다

햇빛을 옮기던 바람 소리
얼음의 모서리 끝을 돌아
발등에 앉고
물방울로 둥글어진다

어긋난 틀니를 딸각이는
얼음 조각 부딪치는 소리
마음의 더운 물살을 저어
목젖까지 올라는 사무침

언 눈물에서 태어난 시린 날이
얼음 깨지는 소리로 마중하며
그리움의 뜨거운 물살로
가슴까지 차오른다

정설연

아침의 노래

정설연

바람을 신고 온 날개의 리듬
강물에 새벽이 번져 있다
물소리 맞춰 붉게 붉게 춤추고 싶네

고니 노랫소리와 날개 장단에
물소리도 끼어들고
수중발레 공연이 펼쳐진다

귓불을 타고 넘는
얼음 안에 갇혀 있는 소리에
토막잠을 자던 햇살 걸어 나오고 있네

햇빛은 소리와 섞이고
봄맞이 앙코르 공연으로
수양버들나무에 붙여둔 악보가 춤을 춘다

팔당의 겨울

고니들이 날개를 펴고 앉아
물 위의 구름을 바라보며
물속에 생각을 넣고
곰살궂게 겨드랑이 희망을 퍼덕거린다
훨훨 날자

날개를 만드는 물소리 웅성거리고
물처럼 투명하게 빛나는 날을 위해
깃털을 세차게 휘젓는다
비상을 선물하는 그런 시간이
목을 길게 늘인다

뉴스의 헤드라인으로
발끝에 힘을 모은다
날개에 흔들흔들 바람을 태우고
푸드덕 소리 내는 새의 자세
요즘 새에게서 많이 배우면서 산다

정설연

창작동네 시인선

백향 김강회

거주: 용인
아호: 백향
샘터문학 시등단
문예마을 작가회 수필등단
제4회 영상시 신춘 문학상 수상
제6회 전국 통일문학 공모전 수상

시인의 집

백향 김강회

넓적한 반석 사이에
시향이 흐르는 개울가 옆
꽃단장에 분주한 문학의 집

시어(詩語) 나무를 심어보고
감성의 꽃만
정원 둘레에 식재(植栽)를 해본다

지축은 흔들려 절기는 바뀌어가도
산새들의 합창소리에
시제의 한 구절이 마음속에 맴돈다

형형색색 피이난 시 향기에
집 떠난 나비도 돌아와서 춤을 추고
흥겨운 시낭송 소리에
벌들은 축복의 꽃가루를 뿌려준다.

김강회

안부(安否)

백향 김강회

안녕히 주무셨어요

새벽 네 시 삼십 분 초침 소리
맛난 음식을 한 상 차려 가시는 곳
한 동네 외할머니의 처소입니다

엄마가 엄마의 안부를 여쭙고
잠자리가 불편한지
몸은 아프신 데가 없으신지

자식이 해야 할 인본의 도리
효도(孝道)
몸소 실천하시던 어머니

나는 오늘
내가 받은 위대한 상속 유산
어머니의 효(孝)를 떠올려 봅니다.

붉은빛 연정

샛바람, 샛바람아
너의 본향이 어디야
시베리아 북단

무더운 여름을 배웅하고
그 빈자리에
붉은빛의 단풍을 만들고 있었구나

소폭(小幅)의 걸음마로
다가와서
등을 톡톡 치면
절친인 듯 소곤거리기 시작한다

그리움에
기다린 일 년의 시간
뜨겁게 해후하는 샛바람
붉은빛 노을로 산마루 언덕에 수를 놓아주어라.

김강회

이태원의 그날

           백향 김강회

어이할꼬
어쩌란 말이냐
피지도 못한 청춘의 꽃

땅을 치고
하늘을 원망하여도
돌아오지 못할 요단강을 건너간걸

핏빛 서려있는 이태원의 참혹한 거리
절규하는 일백오십육 명
영혼의 울음소리가 귓전에 맴돈다

하늘이시여
소리 높여 염원합니다

피지 못한
젊은 청춘의 꽃
안식의 처소로 영면 들게 하소서.

왕방계곡

옹달샘 흐르는 울창한 숲에
맑고 청아한 깊은 계곡물
노랫소리가 정겹게 들려옵니다

음악의 신이 무사이(Mousai)처럼
물줄기가 구성지게 가락을 만들고
가슴을 울리는 구슬픈 한을 토해냅니다

하늘을 울리고
땅을 진동하여
금수강산 메아리쳐 하모니를 만듭니다

신의 음성 소리인기
사람의 득음(得音) 소리인가
귀 기울여 마음속에 담아 봅니다.

김강회

창작동네 시인선

김광선

현대시선 시 부문 신인문학상 수상
현대시선 문인협회 회원

바람의 눈물

김광선

골목을 휘돌아 안주할 곳 찾아
헤매다 걸려 넘어졌다
눈물의 꼭짓점 맴돌던
발은 헛다리를 잘못 디뎠다
소슬바람 넘실거리는 청춘들
폭풍이 휩쓸고 지나는 길목에
젊은이여
깨어나라 일어나라
빛나는 눈동자들이여

너도 나도 가는 세월에
바람도 서두르며 낚아채어 간다
꽃을 채 피우지도 못한 채
떠돌다 머문 회오리바람만
정처 없이 가을 하늘에 흩어지고
허무의 종점만이 켜켜이 쌓여
낯선 얼굴 위에서 맴돌다
멀어져 가는 시월 축제의 날에
푸른 유성이 되어 사라져간다.

김광선

갈대

　　　　　　　김광선

은빛 햇살에 휘청이는 거리
계절 따라 홀연히 흰머리
흩날리며 흘러가는 구름에
빈 마음 실어 보낸다
비구름 눈물 되어 맺히고
무지갯빛 피어오를 때
작은 꿈은 부서진다

고개 숙여 흐느끼는 속울음
갈 바람은 애잔하게 들려오고
흔들리는 귀로에서 서성거린다

봄바람이 불어오면 희망으로
싹트겠지.

김장김치

푸른 날이 서리에 젖고
짠맛으로 버무려져
오랜 세월 묵묵히 참아내고
서리서리 삶의 애환이 맺혔다

한평생 어우러져
간간하게 가족들 입맛에 맞추어
건강한 일생을 지켜주어서
추운 겨울을 거뜬히 이겨낼 수 있었다

입쌀밥에 김치 한 조각 볼이 터지게
먹을 때면 따뜻하고 포근한
모정의 사랑이 느껴진다.

김광선

양미리의 삶

김광선

빠른 물살을 가르며
헤엄쳐 나와
은백색 반짝이는 몸
새끼줄에 허리 동여맨
삶의 무게 힘겨워질 때
아늑한 집의
저녁상에 가족들은
흐뭇해했다

버거운 가장의 무게
바라보는 초롱초롱한 눈망울들
해 저 깊은 곳에서 나와
덧없는 영혼의 몸부림
사위어가는 슬픈 삶.

가장

어둠 속 여명이 깨어나자
수돗물이 쏟아지며
고요를 깨운다

규칙적인 소리로 시작을 알리며
헛기침 소리로 기상 나팔불며
둔탁한 발걸음 소리는
잠이 덜 깬 문을 깨우며 나간다

검은 그림자
따라나서는 작은 불빛
깜빡이며 하얀 꼬리 감출 때쯤
하루는 시작이 되어 간다.

김광선

창작동네 시인선

김미자

현대시선 시 부문 신인문학상 수상
현대시선 문인협회 회원

내 마음의 그리움

김미자

비는 마구 쏟아지는데
당신은 어디 있나요
빗물이 마구 타고 내리는데
당신은 왜 가만히 있나요
이쁜 우산
준비하여 당신 오길 기다려봅니다
은구슬 주렁주렁 매달리다 못해 혼비백산 흩어지는데
당신은 언제 오시렵니까
탈탈 털린 빗물이 천둥·번개 동반하여
머뭇머뭇
구름 밀어내는데
당신은 어디쯤 오셨습니까
낯익은 빛이 나오는 듯 하더니
다시 어둠의 정적
먹구름 마구 대동하는데
당신은 언제 다시 오시렵니까.

가을 남자

김미자

투명창으로 들어오는
구름 위에 낯익은 얼굴
씩 웃으며 다가온 모습
어디에서 봤었던가
낯익다

찬 바람 시샘하며
밀어내도 여전히 환한
얼굴 나를 찾아온
가을의 남자였던가

호수에 슬쩍 돌 하나
장난질에 포물선 위 커다란
그 사람일까
먹구름 잔뜩 심통 부려도
가을의
그 사람은
내 곁에 머물고 있겠지.

고추잠자리

뜨겁던 열기 정복이라도
할 것 같던 여름을
은근 슬쩍 밀어내고
드높은 하늘은
산뜻한 바람 불러내
뭉게구름 살짝살짝 건드린다

넓은 잔디밭은 종횡무진할
나에게 쌓인 울분도 함께
날리라 하고
푸른 초원이 제 세상인 양
부끄러운 줄 모르고
빨간 눈 빨간 줄무늬 팬티
야시럽게 흔들며
정사에 열중인 것이
오가는 길목에서
낭만을 부추긴다

내 안에 쌓인 소소한 낭만을
터져 나오게 해주니
사뿐사뿐 밟히는 푸른
풀밭에서 속시원히
회포나 풀어보자.

김미자

무조건 바라기

김미자

영혼 없는 의식도
영혼 있는 무의식에서도
누군가의 바라기가 된다
늘 드높은 하늘에 투명한 얼굴 보는 듯
알 듯 알 듯한 미소로 손짓하는
갈대처럼 시원한 감성보다는
까시러 움을 말하는 것 같다
하늘거리는 코스모스도
노란 해바라기도
나도
하늘 바라기는 마찬가지
머지않은 아침
자리에서 일어나 그리움으로 바라기한다
여기 또 한 사람
바라기는 또 다른 나 바라기를 하며
힘찬 발걸음을 내딛어 본다.

천상의 문

주저주저하는 하늘의 구름들
천상의 문 열고 싶어 다리 놓는다
양떼구름 잔뜩 불러 모아
푸르른 산천 초목에
햇님 한번 비님 한번
천상문 두드리며
문밖의 전령사들 물러모아
주렁주렁 매달린 가을을 노래한다
노랫가락 울림에 천상문 활짝열리면
님 마중 반기며 발걸음도 가벼이
얼른 달려가야지.

김미자

창작동네 시인선

김선순

현대시선 시 부문 신인문학상 수상
현대시선 문인협회 회원

푸른 청춘

김선순

축제처럼 가을 단풍은
유난히도 붉었다
떨어져 누운 고운 잎들
일어날 줄 모르고
까만 눈동자에
눈물만 그렁그렁 맺혔네
겹겹이 쌓인 낙엽처럼 젊음은
말없이 누웠다

서릿발에 찔린 낙엽 되어
더는 일어나지 못하고
눈을 감아버렸다
붉은 심장으로 꾸는 꿈은
산산이 부서져 바람결에 날리고
애끓는 어미 가슴만 애이네
돌아올 수 있다면
돌아온다면 휘돌아 가는
슬픈 바람 젊음의 눈물이여
스치는 바람에 별이 되어
눈물 흘린다.

김선순

군상

김선순

세월 따라 늙어 아름다움
뽐내고 싶을 때
떨어져 한없이 눈물만 흘리고 있다
바람은 내게 다가와 속삭이더니
힘껏 안아 나를 어디론가 한없이 데려다
한 무더기 큰산을 이루듯
모아놓고 간다

일터로 향하는 사람들
네모난 상자에 몸을 싣고
데려다주는 대로 기대어간다
환승역에 모여 낙엽으로
도시로 들어가고 시골길로 떠나간다

지나간 세월처럼
쌓인 낙엽은 주인의 삼태기에 올라앉아
한 무더기씩 나눠져 흩어진다
미처 바람 타고 떠나지 못해
나무 밑동에 누워 안주하고
내년 봄엔 새로운 이파리로
피어나 다음 생을 꿈꾸겠지.

김칫독

흐르는 개울물 푸른 잎 씻어
동이에 담듯 푸른 청춘을 씻어
담아 나른다
깊은 항아리를 가득 채우듯
화목도 채워 꼭꼭 누르고
겨우내 그 깊은 사랑을 한쪽씩
빼내어 먹고산다

둥지 떠나보내고
팔십에 하나 더 해
외로이 빈 둥지 지키며
고개 높이 치켜들고 기다린다.

김선순

바람의 언어

김선순

사랑 한다고 속살거리는
바람이 내품에 들어와
포근히 감싸안는다
그윽한 눈길로 바라보는
그는 동공에 빠져 허우적댄다
그에 대한 사랑은
그리움일까 연민으로
내 가슴에 안긴다
아 따뜻함으로 전해오는
전율의 사랑은
파고드는 바람 너였구나.

재봉틀

도란도란 모여앉은 자리
밟고 굴려 터진 옷 꿰매
자식들 옷 지으며 조각난
인생도 박음질해 본다

씨줄 날줄로 이어가는 삶의 고뇌.
커다란 엄마의 한복은
아름다운 손끝 따라
숨바꼭질하고 나면
주름진 원피스로.
아기의 옷이 되고
엄마의 얼굴에 미소가 번진다.

김선순

창작동네 시인선

김연정

다향정원문학 시부문 등단
그로벌문예대학문예창작과졸업
미주예총페스티벌 시부문우수상
현대시선 문인협회 정회원

황혼의 길목에서

　　　　　　　김연정

앞만 보고 숨 가쁘게 달려온 시간
문득 뒤돌아보니 육신은 해진 옷처럼
너덜거리고 마음은 나약해져 있었네

옷 정리를 하다 발견한 낡은 일기장엔
삶의 흔적이 얼룩져있어 눈시울이
붉어지는데 곁에 잠자고 있던 장롱
면허증은 속없이 미소를 짓네

온몸이 반란을 일으켜 잠 못 들고
뒤척이는 밤은 어느새 여명을 부른다
이제 뭘 할 수 있을까 물음표를 찍고

풀잎 하나에도
시가 되고 노래가 될 수 있기를 소망하며
한 땀 한 땀 바느질하듯 서툰 글을 지어본다

스스로 자신을 위로하듯 토닥이며
천천히 아주 천천히 나만의 색깔로
노을이 아름다운 황혼의 길을
걸어가고 싶다.

그냥 살아야지

김연정

지친 하루하루를
삶에 의미를 잊은 채
내 마음은 방랑자 되어
허공을 헤매는데

발아래 풀꽃들은
아침이슬 머금고
천진한 미소로 날 오라
손짓하며 반겨주네

이렇게 자연은 늘
그대로인데 왜 내 마음은
방황에 연속일까
욕심인가 미련인가

삶에 의미를 부여한다면
마음은 또 하나의
굴레에 갇혀 버릴지 몰라
그냥 살아야지
그냥 살아가야지.

인생

쫓기듯 살아온 인생길 어느새
황혼이 곁에 와 있었구나

먼지 쌓인 낡은 앨범을 펼쳐 보니
빛바랜 사진 속에 지나온 세월의
흔적들이 고스란히 담겨 있다

울컥하는 마음은 메마른 얼굴에
촉촉이 비를 내리고 이내 홍수로 이어지는데
사진 속에 엄마는 웃고만 계신다

그땐 왜 몰랐을까 엄마의 마음을
무조건 다 내어 주신 그 크신 사랑을
마지막 하늘 소풍 떠나실 때
배웅도 못 해 드렸네

불효 여식 세월 다 보내고 황혼의
길목에 서서 눈물로 고백합니다
어머니 사랑합니다
아버지 사랑합니다.

김연정

민들레야

김연정

꼬맹이 노랑머리 어느새 훌쩍 자라
온 세상 여행길에 발돋움 하고 있네
벌들과 사랑놀이도 접어두고 훨훨훨

바람의 등에 업혀 산 넘고 바다 건너
민들레 홀씨 되어 꿈을 향해 날아가네
안개가 앞을 가려도 거침없이 날으네

척박한 땅 위에도 담장 밑 돌 틈에도
어디든 뿌리내린 불굴의 정신력은
강인한 민초의 상징 희망으로 꿈꾸네.

꽃이고 싶어라

꽃이고 싶어라
어떤 날엔 코스모스 같은
꽃 이 되고 싶어라

어떤 날엔 소박한
하얀 구절초가 되고 싶어

때론 빠알간 꽃무릇
슬픈 상사화여도 좋아

들꽃처럼 풀꽃처럼
오밀조밀 정겨운 꽃들

화려함이나 정열 같은 건
필요하지 않아

누가 알아봐 주지 않아도 괜찮아
그냥 마음속에 꽃

꽃이 되고 싶어
꽃같이 살고 싶어
어떤 날엔.

김연정

창작동네 시인선

김용철

1967년 부산출생
신라대학교 문예창작학과 졸업
2019 문예운동 시부문 등단
2019 전국공모 사하 모래톱 문학상 입상
2020 제3회 영상시 신춘문학상 대상 수상
2021 제7회 영상시 문학상 최우수상 수상
2021 전국공모 제1회 아차산 문학상 입상
2022 전국공모 제2회 아차산 문학상 은상 수상
2021 현대시선 덕평공룡수목원 시비 참여

당신을 읽으면 슬퍼 보인다

김용철

왜 당신의 시는 눈물을 머금고 있냐고 물었지요
허방진 길을 걸어온 발자욱에
다 하지 못한 말들이 먼지처럼 날리는 오후
아무 일도 일어나지 않았으면 생각했다

서쪽 강변을 나는 물새떼의 군무가 저녁을 가져온다거나
꽃들이 밤에 목 놓아 울어버린 깊이만큼
뿌리가 더 여물게 뻗었다
그런 날이면 남쪽 바다가 보이는 숲 길을 걸었다

위로 한다고 건넨 말들이 상처가 되는 일처럼
당신의 깊이를 알지 못한다
멀리서 치달려 온 물결이 모래에 닿을 때나
자갈에 부딪힐 때
바다와 뭍의 소리를 분별하지 못하는 일들이
주위에 늘 있다

햇볕이 바다에 안길 때 가해지는 압력이
반짝임으로 되돌려진다거나
아픔이 녹아 들어 더 짙어진 시가
때로는 위로가 되는 일이 있다

그대를 잊는 일은
짙게 물들었던 잎이 지는 일처럼 고요함이면 좋겠다

김용철

면역

김용철

늦게 마련한 산골 마을 집 마당은
가을이 오면 산마루 골바람처럼 끙끙 앓았다
소녀 볼처럼 붉게 물던 홍가시나무도 풀이 죽어
잔 바람에도 대숲이 우는 소리를 따라 흔들거렸다
밤이면 반쯤 누운 소나무 위로
뛰어드는 반딧불이와 잠에서 깨어난 나방이 어울려
나뭇잎 사이를 날았다

두물머리 강둑 너머 지나간 서울행 열차가
흘리고 간 소음 뒤로 열린 오일장에서
패랭이 꽃 조금 사다 심었더니
마당이 휘묻이 하는지 밤새 끙끙 앓았다

긴 언덕을 넘어온 바람이 집 앞에 서성이는 날
누룩 걸쭉히 삭힌 막걸리 닮은 꽃을 보며
산 아래 다친 마음들이
잎을 비집고 들어와 꽃이 되거나
나무 아래 그늘이 되었다

어둠 속에서 어둠을 보면
보이지 않아서 오는 두려움 보다
순정을 잃어 가는 마음을 알아차리고도
매콤한 눈물 한 방울
맺히지 않는 마음이 더 두려웠다

그대가 건네준 말

꽃이 비로 내리던 날
낯선 길에서 당신을 떠나 보냈다

쏟아지던 슬픔은
꽃이 진 빈 대궁 속 허허한 오후에 묻혀 사라졌다

당신이 떠난 자리에
며칠 바람만 불었다
몇날은 아무도 오지 않는 무인도였다

사랑은 한철 피었다 지는
붉은 꽃잠이라던 너의 말이
사람들의 소란함에 섞여 흩어지며 구름을 닮아 갔다

왔던 곳을 알 수 없고
어디로 가는지도 모르는 언덕에 서서
속절없이 꽃은 피었다 지고
또 피기를 하염없이

그대가 건네준 말들이
장마비에 쓸려 가고
꽃이 진 화원 잎 겨드랑이 이파리처럼
우두커니 서서 짙게 여름을 앓고 있을 뿐이다

김용철

태종대

김용철

태종대에는 두 갈래 길이 섬을 보듬고 있다
밤이 오면 바다는 섬을 품었다
해안 절벽 거친 가슴으로 나무들이 자라고
나무 뿌리 아래로 그리움이 젖어 들어
깊은 숲이 되었다
그 후 숲을 거니는 사람들 가슴 한 켠에 그리움이 생겼다

사람들이 외로우면 가슴 속에 섬을 낳았다
섬 모서리가 검게 닳아
비탈진 돌 언덕이 되어 본 사람은 안다
짙은 안개도
바다를 가린 숲도
다정큰나무 동박새처럼
순간 흔들리는 날개 짓

태종대에는 그리움을 안고 사는 사람들이
바다를 건너와
비 오는 아침
꽃이 되고 섬이 되었다

머리를 감겨 드리며

머리를 감겨드린다
미안한 세월이 뺨이 타고
어머니 하얀 머리카락에 젖어든다

자식 뒷바라지에
젊음을 마을 뒤 민둥산에 두고
돌아서던 어머니 가슴 깊이
하얀 서리가 내렸으리라

지난 겨울 눈길에 넘어져
허리를 바로 펴지 못하는 어머니
언덕 빙판길 위로
차갑게 휘몰아치는 북풍에
꺽인 허리 곧추 새우고
자식 걱정에 서러운 세월의 언덕
다시 넘어 섰겠지

팔십 평생 자신을 위해
무엇 하나 해본 적 없는 가슴은
늘 눈보라 치는
겨울이었으리라

고향 집 마당 장독대 눈이 쌓이고
뒤란 매화 어머니처럼 서서
하얀 눈보라 속에 꽃망울 맺고 있다

김용철

창작동네 시인선

김종석

시 꽃 가람 엘리트
순수문학 정회원
현대시선 문인협회 정회원
(사) 종합문예유성 시 등단_정회원
(계간) 시와 늪 문예_정회원
신정문학 수필등단_정회원
시의 정당 문인협회_정회원
문학고을_정회원

아이들의 장학금

온유 김종석

장학금을 드립니가
참 잘했구나 하는 마음이

기쁜고 저가 난생처음으로
베풀고 그 아이들에게 많은 것을

배우고 느끼고 그 웃음꽃으로
변하는 내자신이 행복했습니다

또 한편으로 난처한 생각이 나내요
이유는 한사람이라도 더 드리야 하는데

아이들은 모두 다 감사합니다
선생님 하면서 인사를 받으니까

내 생에 가장 아름다운 눈물이 흘려내렸습니다
멋진 가을에 낙옆처럼...

김종석

솜사탕

온유 김종석

솜털같은 내 마음이
포근한 정이 느끼고

사슴같은 선한
영향력으로 될 수 있는

탕수육 같은 달콤한
소스처럼 사랑하는

마음으로 서로 감싸주고
나누어야 한다.

손편지

손자가 유치원에서
배운 율동을 하네

편한 자세로 보면서
웃고 즐겁게 시간을

지금 이 시간을 위해서
이렇게 살아나 봅니다.

김종석

가로등

               온유 김종석

가로수길에서 가장 예쁘기도 하지만
태양빛 아래서의 눈물과 함께 걷는

로터리에서 가장 아름다운 풍경이
펼쳐지는 것은 참 좋은 하루 하루을

동화 같은 삶을 살고 싶습니다
이 아름다운 산천초목을 마음에 두고서

난 이제부터 좋은 시를 쓰고 남은 시간
인생을 글의 표현 하고 싶은 것입니다.

작별의 리허설

쌀쌀한 기온에 손이 곱은데
별 스마트하지 못한 스못폰으로

일몰을 찍겠다고 애가 달았다
지금 사진을 여기다 공유하면서는

왜 이런 행위를 하는지
손을 움직이면서도 혼란하다

목적은 없고 이유도 없지만
저토록 화려하고 초연히

겸허한 소란스러움으로 끝을 고하는
것에는 운명적인 의무가 있다

작별은 우리 모두 이미 한 약속이기에
마치 떠날 때의 리허설 같아서 말이다.

김종석

창작동네 시인선

野乙 김지희

2020년 글벗 문학회 시 부문 신인상 수상
2020년 시조 부문 신인상 수상
2022년 현대시선 시 부문 신인상 수상
현대시선 문인협회 정회원
글벗문학회 정회원
시집: 슬픈사랑 긴 그리움 (2020)
　　　그냥 보고 싶습니다(2021)
서울 사단법인 한국미술협회
민화 3작품 입상(2021)
부산 민화 협회정회원
민화 2점 입상 (2021)
덕평공룡수목원 현대시선 문학의 거리 시비 참여

떠나가는 가을아

野乙 김지희

한가로운 공원 벤치
춤추며 내려서는
벌레 먹은 나뭇잎

예쁘게 물들어 가는
나뭇잎을 시샘이라도
하듯 갉아 먹은 이파리

아픔에 고통을 이기지
못한 채 몸부림치며
낙하 하는 것이 어찌
춤을 추듯 내려서는가

남은 가을을 노래하듯
덩실덩실 춤추며
아픔도 잊은 채
낙하하는구나

떠나가는 가을을 부여잡다
결국에는 잊어야 하는
추억처럼 조용히
떠나가려는구나

김지희

꽃과 나비

野乙 김지희

화려한 미소로
너를 유혹하니
너는 나의 미소 속에
빠져 나의 사랑
가득 마셔 그 사랑
느끼기도 전
떠나가네

아직도 너의 체온 남아
너의 사랑 느끼고 싶은데
내 사랑 식기도 전
말없이 떠나가네
널 기다리다 어느새
내 몸과 마음은
바람으로 비틀어진
그 사랑 애달프라

사랑의 멜로디

오늘 뒷산 벚나무 아래
서 있었네
나 왔다고 반겨준
나뭇잎 하나

휘리릭 떨어진 잎새는
바람에 춤추며
사랑 빛으로 나에게
노래한다

지난밤 내린 빗물에
목욕한 나뭇잎은
햇살에 말리어 반짝거리며
미소 머금는다

알록달록한 가을옷으로
화려한 옷 입은 잎사귀는
나에게 사랑의 멜로디로
기쁨을 주네.

김지희

가을하늘

野乙 김지희

하늘로 날아간
가을바람은
시밭이 되어 피어난다
바람이 휩쓸고 간 자리엔
그리움이란 기둥이
우뚝 서 있다

명년 후년 춘삼월에
꽃바람으로
그리움이 씻기어
가려는가
바닷물이 춤추며
그려진 하늘가엔
가을 노래가 그려진다.

가을아

풀벌레 가을을 안고 왔네
꽃 이파리 살포시 안고서
살랑거리며 왔네
그저 그냥 그렇게만 오지
억세 서걱거리며
바람에 울부짖으며
슬픔도 함께 안고 왔네
귀뚜리도 울다 울다
미처 떠나지 못한 매미도
애끓게 울고 있네
이별을 시작한
가을은 가을은
슬픈 계절이네

높고 푸르른 하늘은
무엇을 연상케 하는지
저물어가는 가을 햇살은
붉다 못해 온 세상을
삼킬 듯이 붉게 넘어간다
살갗을 스쳐 가는
가을바람은 그리움과
외로움까지 함께
느껴지게 하네
이렇게 가을은
곁을 떠나갈 준비 하네

김지희

창작동네 시인선

까치 김현숙

(사)종합문예유성 (공헌대상) 수상
(사)종합문예유성 국자감문학상 (최우수, 금) 수상 등등
대한민국 도전한국인 문화예술인 지도사 (대상)
제17회 대한민국 백일장 선화대전 (문학 대상) 수상
제1회 제주도 노래의 작사 가요의 응모 (우수상) 수상
글벗 문학회 백일장 (장려상) 수상 등등
서울시 오세훈 시장상 (독후감 대상) 수상
경기도 의정부시 김문원 시장상 (표창장) 수상
경기도 의정부시 안병용 시장상 (표창장) 수상
통일 봉사단 (공로패) 수상
봉사 활동 인증서 (2,000) 시간
(사)종합문예유성 가곡 5집 작시 음반

금고

　　　　　까치 김현숙

새롭게 시작하는
새마을 종소리
흘러나온다

마중물에 흘러넘치는 물
맑은데 냄새는 신선하지 못하다

가는 해 어쩌란 말인가
말 달리듯 한다
썩은 냄새 부딪혀
떨어지고 피해 갈 수가 없다

따뜻한 햇볕같이
은은하게 타오르는
검은 연탄불
자선냄비는 나 몰라라
외면한다.

김현숙

생활의 진리

까치 김현숙

태양이 작열하여 텃밭의 목마른 잎
타는 듯 말라가고 끝없이 허기진 맘
꿋꿋이 참고 참는 삶 끊기로서 전진해

지친 몸 고달프나 참아낸 메마른 땅
한없이 울며불며 한 모금 감지덕지
노력의 자양분들로 토닥이는 삶의 향

묵묵히 참고 견뎌 꽃 피네! 토마토에
열매가 주렁주렁 열리고 여린 태양은
숨 쉬는 자연의 섭리 빨갛도록 달린다

접시꽃

흙 내음 울려 퍼져 뿌리를 일깨우니
꽃 피네 손 흔들며 화답하는 박자 속에
노래로 꿈틀거리며 삶의 여정 펼친다

만개한 눈동자가 어둠 속 불빛 밝혀
마음에 전달하니 당신의 환호 소리
들녘에 사랑의 냄새 살랑살랑 춤춘다

둥글 달 미소 짓고 바람도 손짓하며
달려와 품에 안겨 뜨겁게 얼싸안고
숨소리 거울에 비춰 하늘 향해 비춘다.

김현숙

두 바퀴로 달려온 인생길

까치 김현숙

젊은 청춘 그립다
잘 나갈 때 내 곁을 떠나줄 줄 모르던 너
여기저기 불러대던 너

앞으로 나가면서
그냥 천 리 길 마다하지 않고
세상 길 달릴 때가 그립다

두 바퀴로 그렇게 달렸는데
뼈 마디마디가 고장 났다고
병원에 데리고 가주지 못할망정
내팽개쳐 서운함뿐이다

바퀴가 노화로 서걱서걱 삐거덕
낑낑대면서 참고 참아 달려온 인생
몸은 여기저기 고정으로 고통스러운데

네가 밉다! 못 들은 척하여서
모르지! 이용만 당한 기분
그러려니 할 수밖에
너와 나는 출신이 다르니까

겨울 날갯짓에 아파요

파란 하늘 같은 잎새
연지 곤지 찍고
시집을 갑니다

시집살이시키듯
노란 가래 같은 찬바람이
씨름하자고
요란스럽게 소란을 피웁니다

제대로
맛보게 하는 추운 겨울 한낮에
사랑을 느끼게 하는 그 맛의 향기

잔꾀를 부리는 따뜻한 맛
틈을 엿보다가 살며시 스며들어
코로나 같은 감기 소동을 부립니다

향기롭게 작은따옴표
여기저기 뿌리고 다니죠
감기 조심하세요.

김현숙

창작동네 시인선

문제연

아호 녹두장군
2019년 다향정원문학협회
시 부문 신인문학상 수상
현대시선 정회원
(사.연천지부)경기민요.서도
소리 관리위원장
사단법인 도전한국인본부 소통협력관
독도수호국민연합 홍보위원장
(주)젠틀리머,헬스엔다이어트
전략 홍보이사

희망을 바라보다

녹두장군 문제연

세월은 유수같이
흐르는 구름따라
바람따라
흘러갑니다

서리가 내리고
낙엽에 실린
가을도 떠나가고

겨울의 참 맛을
제데로 느낍니다

때로는 무상함도 없지 않아
들지만
나 자신 우리모두에게
기쁘고 즐거움으로
힐링하며 엔돌핀 충전하여

다가오는
내년에는 떠 오르는
태양의 기와 희망을
담으렵니다

문제연

지혜로운자

녹두장군 문제연

깊은 것은
물이 되고

얕은 것은
바람이 되니

한 길 마음이
물처럼 흐른다

비바람에
흔들려도 중심을 잊지 않고
지혜로움 속에

새로운 눈을 떠
어떠한 것에도
요동치지 않는다는
것을
알아야 됩니다

삶 속의 행복

일상생활 속에
부지런하고 근면 성실한
사람은
늘
좋은 경험들을 하면 살아갑니다

그러나
늘
불평불만을 늘어놓고
삶의 의욕을 잃은자는
만사가 귀찮아지는 행동으로
타인에게까지 타격을
입힙니다

움직인 만큼 배워가는 것도
많기 때문에
자존심은 버리고
자존감으로 삶의 질을 높여

자기 자신을 위한
사랑으로 가는 길이
승리하기 때문입니다

문제연

인연의 사랑

녹두장군 문제연

인연이란 아무에게
오지 않습니다
조금씩 깊어지는 가을날
인연의 사랑에
마음의 텃밭에 두고

가을이 살포시 품어서
서로의 행복만 가득
담아요

견디기 힘들었던 일들은
세월 속에 묻혀 지나가게
된답니다
마음에 두지 말아요

나눔 속에
깊어가는 인연의 끈을 놓지
마시고 좋은 것만 듬뿍
받아서
추억만 담으렵니다

가을이 익어가는 소리

잔잔히 오는 초가을
바람 속에 알록달록
고운사랑

기다림은 가슴 가득하고
사뭇 지나가는 여름날의 아쉬움이
가슴 시리게 한다

오곡백과 오동통 살찌우는 가을
노크하며 서늘한 바람

넓고 파아란 하늘 떠도는
한 조각 구름처럼
마음속에도 가을사랑 피어난다

시간의 흐름에 따라
쌓아온 나의 삶만큼
지우개로도 지워지지 않은
빛바랜 추억들이
마음 한켠에 시려옵니다

정녕 자연의 위대한 가을 속으로
마음속에 작은 행복을
그려봅니다

문제연

창작동네 시인선

빵끗 박완실

거주 수원
아호 빵끗
현대시선 시 부문 신인문학상 수상
감성테마여행 영상시 동상 수상
공저: 감성테마여행. 꽃잎편지 수레바퀴 다수
시화전: 광교호수공원. 아차산 영종도 전곡항 참여

어머니의 꽃동산

빵끗 박완실

어머니는 동백꽃을
무척 사랑하십니다
얼마나 좋아하시는지
볼에 발그레 물들어
눈 속에 빛을 내고 있었다

봄, 여름, 가을, 겨울이 와도
사랑은 언제나 변하지 않는
꽃다운 꽃의 자태가 되었다

어느 날엔 나를 닮은
예쁜 장미 나무 한 그루
마당 한 켠에 심어 두신 그 꽃이
어느새 마음의 넝쿨이 되었다

봄이면 장미꽃이 피고
겨울이면 동백꽃이 피는 마음의 고향은
어머니가 보내준 마음의 꽃으로
가슴에 시들지 않는 꽃으로
매년 예쁘게 피어났지요.

박완실

그대는 나의 마음 창고

빵끗 박완실

나는 그대의 언어 창고가
되어가고 있었다

눈은 심장으로
가을 색으로 채워져 가는
그대 그리움들은
프롤로그가 되어가고 있었다

내가 힘들고 고독할 때
그대를 생각하면
행복했던 그 순간은 힘이 되고
무지갯빛 사랑으로 피어나
새처럼 하늘 높이 높이
날아오를 것만 같아요

내 마음의 꽃을 피워주는 그대
언제나 내 마음의 언어 창고가 되어
행복한 꿈을 꾸게 해주는 사람
내 사랑을 한 아름 담아서
그대에게 안겨드리고 싶어요.

인생은 아름다워

갈바람에 나부끼는 낙엽
내 가슴에 찬 바람이 불면
나도 따라 낙엽이 되고 싶어라

인생사 새옹지마
내 삶을 뒤돌아보니
내면에 차곡차곡 쌓인
단단한 마음은
가련하기 짝이 없구나

청춘 시절엔 열정을
중년 시절엔 온 마음을
다 바친 인생의 배경은
가을 낙엽처럼 물들어 있었네

노년을 앞에 두고 보니
열심히 살아온 내 삶을
아낌없이 칭찬해주고 싶어라.

박완실

행복커피

빵끗 박완실

그대와 함께 마시는
커피 한잔이 참 좋다

그대가 옆에 있어 더 좋고
감미로운 멜로디가 흐르고 있어
커피 향은 바이러스처럼
나의 징후군이 되었디

그대와 나의 행복한 미소
이보다 더 행복할 수 있을까

커피 향이 주는 의미는
그대의 마음을 읽어주는 정서이고
행복은 마음의 바탕이 만들어지는
커피 향 같은 행복의 기도.

가을을 가슴에 품다

청명한 하늘에 맞이하는 가을
잠자리 떼들은 손님을 맞이합니다

밤이면 귀뚜라미도 친구가 되어주고
낮이면 황금들녘에 가을을 품어줍니다

이 좋은 가을 하늘을 노래하고
한편의 감성을 시로 쓰며
못다 이룬 꿈 차곡차곡 쌓아봅니다

뒹구는 낙엽이 처량해 보이면
내 가슴도 나뭇잎처럼 떨려오고
나뭇가지에 빨갛게 물들이며
가슴을 설레게 하는 가을입니다

단풍의 계절에 가슴으로 느낀 책갈피
고이고이 간직한 가을여행입니다
언젠가 사랑하는 그대를 만나는 날에
이 가을을 선물하고 싶어요.

박완실

창작동네 시인선

지연 손옥희

아호 지연
현대시선 시 부문 등단
현대시선 문인협회 회원
다솔 문학회 정회원
대경 국보문학회 정회원

바람이었다

지연 손옥희

울창한 소나무 숲속
우람한 기세를 떨친다

진한 향기에 잠겨
숲속 오솔길에 머물다

인적 없는 텅 빈 숲속에
스산하게 불어오는 바람

옷깃을 어루만지다
스치듯이 사라져버리고

뒤돌아보니 걸어온 길은
흔적 없이 사라져버렸다

소리 없이 속울음 삼키며
지나간 것은 바람이었다

손옥희

마지막 잎새

지연 손옥희

혹독한 추위에도
견디어 낸 마지막 잎새

하얀 눈송이도 사뿐히
내려앉아 쉬어가고

세찬 비바람에
퇴색되어 빛바랜 자태

흔들리고 흔들리며
지나간 세월 앞에

소리 없이 봄이 왔건만
잎새는 여전히 흔들리고 있다

내 맘속에 보이는 겨울

혹독한 추위에 윙윙대며
불어대는 바람이 세상을
삼켜버릴 듯이 울어댄다

앙상한 가로수가
한파에 흔들거리며
애잔하게 자리를 지킨다

종종걸음으로 무심하게
지나가는 이들은
바라봐 줄이 없는데

훗날 따스한 이른 봄날에
풋풋한 새싹이 돋아나면
뭇사람들이 찾아와

예쁘다
예쁘다

어루만지며 웃어주겠지.

손옥희

돌탑·1

지연 손옥희

높고 가파른 산길
긴 한숨 토해내며
힘겹게 오른 여인아

한 맺힌 인생사
굽은 허리 펴지 못한 채
애달픔 겹겹이 걸쳐 입고

쇠스랑 같은 손 떨며
돌 하나 겨우 쌓아 놓고
시린 손 비벼가며 빌고 있다

소원이 무엇이기에
덜 썩이는 어깨너머로
눈물 삼키는 애절한 모습

어미 맘이런가.

너는 바람이었다

늦은 밤
덜컹거리며 창문을
두드리는 소리에

화들짝 놀라
창밖을 내다보니
너는 바람이었다

세차게 불어와
긴 기다림에 지친
나를 바라본다

너를 기다렸기에
마음을 억누르지 못하고
왜 이제 왔냐고
말할뻔했다

스치듯 지나가는
너기에

그리움만 던져놓고
덜컹거리며
어둠 속으로 사라져버렸다.

손옥희

창작동네 시인선

시인 작사가 송연화

호 : 윤영
강원 원주 거주
한국문인협회 회원
한국문학 동인회 시 부문 등단 2018
계간글벗 시조부문 신인문학상 등단 2020
글벗 문학회 자문위원. 한국문학 동인회 이사
종자와 시인 박물관 시비공원 시비 꽃물 건립2020
상지대 농업 최고경영자 과정 수료
강원 도지사상. 서울의회 의장상
세계 참 좋은 인재대상 (기자협회)
유관순 문학상 (문학신문 시춘문예)
윤동주 별 문학상 (3회 문학시문사 동양문학)
제6회 시선문학대상 행복한 비밀 시집 수상
세계예술문화 연합회_현대시선 국민행복문학 대상
세계인재문학 대상_제5회 예술문학대상(그리움의 시간)
저서 최근작 제21집 사랑의 온도 외
작사 가곡 꽃물 작시 발표
공저 수레바퀴11 외
덕평공룡수목원 현대시선 문학의 거리 시비 참여

내 사랑은

윤영 송연화

따스한 햇살이 팡팡
창 가득 넘치도록 번지고
방안은 온통 황금빛이다

하얀 눈꽃 그리움은
설국열차 타고 떠나니
뜨락은 자갈들 삐죽삐죽

곱고 화려하던 겨울은
나 홀로 여행인 듯
화려한 눈꽃

내 사랑은 욕심쟁이
다 품고도 이 계절 마냥
들떠서 즐기고 있다

뉘엿뉘엿 해 질 녘
또 다른 자아를 찾으러
숨이 가빠진다

만남이 기다려 줄 놀이터
새털처럼 가벼운 맘으로
까만밤 하얗게 꽃 피우리라

송연화

겨울비

윤영 송연화

때 이른 겨울비가
온종일 오락가락
쌓였던 눈 사라져
봄같은 기운도네

강릉엔 매화꽃 피어
꽃놀이를 즐긴다

겨울잠 자는뱀이
봄인줄 착각하고
월동을 박차고서
봄맞이 나왔다네

시절이 어수선하니
갈팡질팡 동식물

대문앞 차락차락
여름비 지나가듯
거리가 깨끗하니
좋기만 하다

겨울비 근심 걱정
씻겨가면 좋겠네

그립다

파란 하늘이 그리운 날
미세 먼지가 깔린듯한
회색빛 도시 찌뿌등하다

창문 너머로 내려다보니
도로는 활기찬 움직임으로
저마다 바쁘게 살아간다

멍하니 바라보는 풍경에
가슴이 짓눌린듯한 갑갑함
스멀스멀 차올라 답답하다

풍선마냥 부풀어 오르는 마음
끌어안고 사방팔방 나들이
열정의 내 모습 어디로 갔을까

돌이킬 수 없는 지금의 현실
부정할 수도 없다
뼈를 깎는 노력만이 살아갈 길이다

그래그래 더 늦기 전에
건강한 나의 삶 목표로
하늘의 뜻으로 살리라

송연화

희망꽃

윤영 송연화

안개로 삼발한 들녘에
햇살이 조근조근
사랑의 밀어를 나눈다

까치도 까마귀도 벗되어
어울리며 깡충이고
따스함의 온기 즐긴다

푸석한 땅의 얼굴엔
주름만 깊이 패이고
차가운 겨울을 맞이했지

하얀 눈 이불 폭신 덮는날
돌아 오리니 희망의 꽃은
들녘에서 숨바꼭질 중이네

동트는 아침

여명의 동트는 아침
동산 너머 해님이 쏘옥
활짝 웃음 지으며
해맑게 오신다

며칠 꾸무리하던 하늘
날씨 때문인지 덩달아
우울함 덤으로 오더니
쾌청한 오늘 참좋다

금빛 햇살의 찬란함
위대한 자연의 위력
멋지네를 쏟아내는
작은 여심의 미소

기쁨으로 떠오르는
해님의 맑음으로
온전한 이 하루
낭실낭실 보내리라

송연화

창작동네 시인선

신성용

신성용 申成勇

2022 현대시선 신인상 등단

한양대학교 산업공학과 공학사.

미국 미쉬간대학교(Ann Arbor) 공학박사.

한국과학기술원(KAIST) 전산학부 정년퇴임.

한동대학교 석좌교수 역임. KAIST 명예교수.

한국과학기술한림원 종신회원.

만추의 단상

신성용

추색에 물든 나뭇잎이
공중제비를 돌며 떨어집니다
절연의 아픈 순간에도
나무를 원망하지 않습니다

갈바람에 뒹굴던 낙엽이
싸늘하게 식어버린 땅바닥을
켜켜이 덮을 때, 나무는
찬 서리가 두렵지 않습니다

엽록소도 물기도 잃어버리고
가지를 떠난 나뭇잎에겐
쏟아지는 가을볕이
서걱대는 아픔일 뿐입니다

가을앓이로 헐벗은 나무 위에
덩그러니 남은 까치집이
맑은 하늘을 가리고
겨울의 그림자를 드리웁니다

신성용

소쩍 울음을 삼키는데

신성용

어느 날 붐비는 시장 골목에서
옛 벗을 만나듯
가을을 우연히 만날 순 없다

태풍이 들녘을 할퀴고
쏟아지는 물 폭탄에
발붙일 곳이 없을 듯 보여도
허기진 세월은
가을을 거르지 않는다

쓰러진 벼포기가 일어서고
땡볕에 바랜 허수아비가
하릴없이 펄럭일 때
멀리서 미적거리던 가을이
어느덧 거기에 있다

석양을 등진 늙은 소쩍새가
들녘을 바라보며
소쩍 울음을 삼키는데

이명耳鳴

문득 신호음이 포착된다
나는 발길 멈추고 귀를 쫑긋한다
가을이 떠나는 소리인가

은행잎 지는 소리가 들린다
고양이 발자국 소리가 들린다

소리는 흔적을 남긴다
나는 눈을 감은 게 아니다
보는 것이 믿는 것이다

지는 은행잎이 보인다
걸어가는 고양이가 보인다

저들의 몸짓은 소리를 죽인다
나는 경험을 믿는다
멈췄던 발걸음을 다시 옮긴다

은행잎 지는 소리가 그친다
고양이 발자국 소리가 그친다

나는 멀쩡한 70대이다
가을앓이가 늦은 버드나무에서
푸른 말매미 소리가 들린다

신성용

입춘

신성용

논에는 벼 그루터기가 을씨년스럽고
논두렁 밑 겨울 들풀 사이로
군데군데 도랑물이 고여 살얼음이 끼었다
세찬 바람 불어 갈대꽃이 흩날리며
지나가는 길손이 외투 깃을 세우는데
굶주린 고라니가 먹이 찾아 나왔다가
농로를 달리는 승용차에 놀라
곡강들을 가로질러 산으로 내닫는다
아무리 둘러봐도 봄이 올 기미가 없는데
논둑 위 마른 들풀 아래
봄까치꽃이 소복이 모여 앉아
햇살을 머금고 방글방글 웃고 있다

하늘길은 변함이 없다 해도

느티나무 잎사귀는 바람에 흩날리고
가을 햇살에 수줍은 돌 사과는
성근 잎 사이로 탱글탱글 여문다
푸른 은행잎에 금빛이 비쳐도
길섶 들국화는 하늘이 높아 외롭다
따가운 햇볕에 빨갛게 그은
고추잠자리는 어찌 그리 바쁜가
허공에는 정거장이 없다는데

서산 해 그늘에 어둠이 깃들 때
대기는 서늘하게 식고
풀벌레 소리에 가을이 깊어 간다
교정에는 밤바람이 스산한데
조각달이 대나무에 걸렸다
잠시 한숨을 돌리며
하늘 구만 리를 어림함인가
하늘길은 천년만년 변함이 없다는데

신성용

창작동네 시인선

양태인

인천 출생
인천 거주
현대시선 시부문 신인문학상 수상
열린동해문학 시부문 신인문학상 수상
열린동해문학 제10회 작가문학상 동상 수상
현대시선 문인협회. 열린동해문학회 정회원
소래포구축제. 만수산 무장애 나눔길.
광교호수공원. 전곡항 여름축제 시화전 참여
공저: "감성의 온도"(33인의 감성 앤솔러지).
　　　문학고을 제7선집. 초록물결 제8집"매듭"
시집: "인생길" 출간
현재. 대한주택관리사협회 인천시회 고문

빈자리

　　　　　　고목 양태인

어려웠던 시절
술과 정을 나누던 포장마차

부담도 적고
낭만도 곁들인
추억의 포장마차

비가 와도 좋고
눈이 내려도 좋은
빗소리와 눈내림을 벗하며
나누던 술잔속 이야기

노부부 주인장의 넋두리와
옆자리 손님들의 푸념 소리도
맛난 안주 삼아
영원을 노래하던 곳
한길가 모퉁이 포장마차.

양태인

상담실 4번방

고목 양태인

새벽 공기 헤치며
찾은 상담실 4번방

내려앉은 눈거풀을 해동시킨채
오늘이 있어
또 혼란스런 사랑을 배우게 된다

밤새워 기다린 듯
전화벨이 울리고
낯선 음성속 외로운 사연이 풀려나온다
내담자의 처절한 몸부림

내 자신을 비우고
그들의 힘든 고통을 보듬어 드리며
그들의 아픈 상처를 어루만져 드린다

상담실 4번방은
불이 꺼지지 않는
모두의 희망이 되리라
모두의 빛이 되고
사랑방이 되리라.

장수천 단상

오늘도
흐르기만하는 시간

언제나처럼
머무르지 않는 그리움

힘내라고
힘내자고
서로의 어깨를 토닥거리며
힘든 시절
어울려 살던 사람들

이젠 떠난 이들이 많다

달빛이 담겨 있는
장수천 기슭에 앉아
추억의 사랑노래 흥얼거리며

한 소쿠리 담은
소중했던 인생길 사연들을
감사의 선물로 포장하여
장수천 물길따라
곱게 흘려보내고 있다

양태인

참외출

고목 양태인

약속도 없고
갈곳도 정하지 않은채
무작정 나서는 것이 참외출이다

누군가와의 만남이란
외출이 아니라 약속이다

만나는 이 하나없이
걷기만 하는 것이 참외출이다

참다운 삶의 기로에서
새로운 인연을 찾아
흔적을 남기려한다

흔적없는 삶의 여정을 찾아
오늘도
기도속 참손님을 맞이한다는 것이
바로 운명인 것이다.

환생

한 마리 새가 되었다
드높은 창공
하늘 가장자리를 휘두르며 날아가고 있다

한 마리 작은 새가 되었다
푸른 하늘가 그리운 이의 얼굴로 매만져
고운 추억으로 메아리 되어 온다

모두가 모여앉아
기도 손을 모으고
다시 태어날 세상을 바라보며
알지 못하는 누군가를 위하여
기도드리고 있다.

양태인

창작동네 시인선

지선 오지숙

경기도 평택 출생
아호 지선(智仙)
글로벌문예대학_시 낭송과 졸업
글로벌문예대학원_시낭송가 전문가 수료
2020년6월 (사)종합문예유성 시로 등단
2020년 (올해의 시인상)
2020년 (대한민국 명시선 100인 선정)
국자감 문학상_글로벌 시 낭송가협회_
(대한민국) 집현전 문화예술인상)
자격증_문예지도사
(사) 한국문인협회 정회원
현대시선 문인협회 정회원

나목을 보고

지선 오지숙

나목처럼
나도 탐욕도 벗고
마음도 비우고 사니 행복하다

추운 겨울 날에도
불평불만 없이 수긍하여
잘 살아가는 나목을 보며

내 삶의 여정도
감사와 나눔과 이해하며
주어진 여정길 여유있게 살아가리라.

오지숙

주소 없는 엽서

지선 오지숙

소양강 강물은
물결조차 숨 죽음 듯
고요히 흐르고

잔잔히 흐르는 강물에 엽서 한 장
띄워 보내네

보고파서 보고 싶어
여기에 왔노라고
옛 추억 되새김질
하며 그대에게
그리운 마음 띄어
보내오

나 여기에 왔노라고
주소 없는 그대에게.

내려놓는 마음

삶에 있어 다 채우고
다 가지려고 하지
않으렵니다

채우고 또 채워도
늘 부족한 생각만
드는 것이 사람에
마음인 것
같습니다

모자란 듯 아쉬운 듯
그리 살아가는 삶이
더욱더 보람차고
행복하지 않을까요

오지숙

그리운 사람

지선 오지숙

보고 싶은 사람아
그대의 모습이 맴도는 날이면

강가에서 날으는 새처럼
훨훨 날아가 보고 싶지만

자꾸만 멀어져 가는 야속한 사람
왜 밉지 않고 보고 싶은 것인지

강가에 앉아 홍갈색
노을빛에 그리운 마음 보내네

그대가 보고 싶은 날이면

수취인 없는 엽서

북한산 자락에서
띄워 보낸다

말간 하늘에
봄 햇살 담아
보고 싶다고
자꾸만 보고 싶다고

수취인 없는 엽서 한 장
띄워 보내네

북한산 자락에서

오지숙

창작동네 시인선

윤광식

충북 괴산 출생
현대시선 가을호 시 부문 신인상
현대시선 작가협회 이사
1960년대 월간지 시로 입상
2021 제6회 창작동네문학상 바람꽃 시집 수상
2022 제4회 영상시 신춘문학상 대상 수상
저서
제1집 바람같은 인생(2018)
제2집 바람의 향기(2020)
제3집 바람꽃(2020)
제4집 당신이 머무는 그곳(2022)
공저: 수레바퀴10.11. 외 다수
시화전: 광교호수공원. 소래포구
시비 : 덕평공룡수목원 현대시선 문학의 거리 시비 참여

우리가 가는 길

윤광식

가을빛 내려앉은 길거리
하얀 쌀을 길섶에 부어놓으면
참새떼 수십수백 마리
우르르 몰려와 재재 글 재재 글
배부른 찬가로 일사불란한 날갯짓

차가 오거나 사람이 지나가면
훌쩍 건너편 대피소로
멋진 하모니의 바람 소리
신비한 질서의 아름다움을 봅니다

출근 시간만 되면 전철 입구
승강장에 빼곡히 온몸을 포개고
엉켜가는 삶에 여정
살펴 가는 인간들의 군상

코뿔소와 얼룩말 초원의 숲속
동물에 왕국 생의 이동을 엿보는
이리 때의 습격은
비바람에 꺾어지는 순환적 윤회
선과 악의 다툼을
벗어나지 못하고 살아간다

윤광식

어느 병실의 순애보

윤광식

싱그럽고 맑은 아름다움에
물들어 가는 가을빛 잎새
가을바람 붉은 눈물로
노란 황금빛 퇴색되는 아픔
나뭇잎 생의 절규

종합병원 응급 중환자실
호흡기에 의존하며 헐떡거리는 숨소리
속 살 내음 분비물 처치
살리기 위한 소독 비린내 맡으며
간간이 의식이 돌아오면
빙긋이 웃는 천진한 모습에
울컥 쏟는 기쁨으로 손을 잡고
알아본다는 표정에 눈물을 흘린다

힘겹게 살아가는 인연
잠시 잠깐 자리를 비운 사이
혼자 발버둥 치다 산소 줄을 뽑고
안타까운 생의 길옆에서 도
하얀 서리꽃 사랑

11월 나뭇가지에 매달린 빨간 잎새에
실루엣처럼 그 사람이 스쳐간다

초혼(招魂)

불러도 대답 없는
잊을 수 없는 당신
발자국 소리와
행주치마 속 살냄새
채마 밭에서 날아옵니다

비학산 능선 타고 오르는
처연하게 웃는 해맑은 달빛 살
오늘도 부르고 불러도
살구나무 잎새 봉당 앞을
지나가는 당신의 넋

붙잡이도 날아가는 그림자
떠나간 삽짝 거리
이제나저제나 혹여 다시 올까
불러도 대답 없는
그 이름 불러봅니다

님이여 님이여 님이시여...

윤광식

가을이 지는 언덕

윤광식

너의 귀여움에
즐거운 인생을 살았습니다

예쁘게 자라며
파릇파릇한 싱그러운 살 냄새
별밤을 지새웠습니다

붉은 입술 노란 저고리
빨간 홍치마를 휘두르는 너를
미치도록 부른 메아리
사랑합니다 사랑합니다

아름답게 익어가는
너의 몸짓
한 잎 한 잎 속삭이는 잎새
노을 앞에 그만 무릎을 꿇었습니다

가지런히 드러나는
너의 팔등신 앞에
더 이상 견딜 수 없는 외로움
나부끼는 사랑의 흔적
하얀 꽃잎 되어 날아갑니다

바람에 실려 가는 넋

곱고 고운 주홍빛 노란 잎새
바람에 흩날려 가는
걸음걸음의 흔적
못 본 체 가는 너의 모습
금세 눈이 올 듯 회색 잿빛 하늘

기러기 날아가는 길목으로
을씨년스러운
애상한 울음의 날갯짓
허망한 세월 바람
불어간다

영혼을 두고 가는 미련의 그림자
가려거든 내 속에 머문
흔적들은 거두어 갈 것이지
아프게 하는 윤회의 회상
하얀 그리움을 안고 불어온다

윤광식

창작동네 시인선

윤기영

시인. 영화감독. 작사가
현대시선 발행인. 노트북 출판사 운영
라이프TV 라인프로듀서. 영상편집인
'사슬게임'[1997년] '소풍'[2010년] 제작감독
(詩노래) 가슴詩린 발라드 1-7 기획 뮤직 제작
시집 : 최근작 이안류 외 6집
작사 : 최근작 너였다(조항조) 경포의 바람(김철민) 외 다수
　　　유튜브 초록섬TV 영상시 1300편 제작

동백꽃이 부르면

　　　　　　　윤기영

꽃이 불러 여행길에 올랐다
겨울 꽃은 아름다웠다
나를 부르던 겨울 노래가
설원에 붉게 물들었다

눈을 떠보니 동동 동백꽃
심장의 온도를 녹이는
감사함도 있었고
기쁨은 연신 기다리고 있었다

바람을 마다하지 않는 꽃잎은
가슴을 흔들어 놓고
온몸으로 번지는 설렘이
동백나무를 감싸고 있었다

내가 너의 극치를 보여주는
이쁜 자태의 영상을 담아
감동으로 기억하게 전하련다

무지개 다리

윤기영

나의 무지개다리의 끝은 어디일까
나의 징검다리 끝은 다가오고 있었다

남겨진 흔적을 뒤돌아보니
무지개 꽃이 피었던 계절도 있었고
가시밭처럼 험난한 길도 있었지만
내 마음을 안주한 부둣가도 있었다

문체로 남겨진 숙명의 세월
아직도 태산보다 크니
노파심에 두들겨보는 혜안의 길엔
아이처럼 내딛는 발걸음은 초심이었다.

두상화(頭狀花)

만나고 싶었다
민속테마파크의 가을 숲에
그대들이 펼쳐놓은
마음의 언덕에서
이 가을을 기억에 담아 놓고
그날의 추억을 소환하며
마음의 책장을 넘길 때
그대들의 두상화*는
우주가 되었다.

*두상화_꽃대의 끝에 뭉쳐 머리 모양을 이룬꽃

윤기영

소래포구의 별들

윤기영

속삭이는 연緣육교 사이로 연분하나 자라고
덩굴처럼 뻗어있는 소래포구 가연고假緣故
잠시 그 아름다움에 정박해 있는 마음의 노래
세월에 젖은 뱃고동에 마음 길이 열린다

우린 시 한수 저 바다에 던져놓고
수시로 내면으로부터 위로받으며 여행한다

문체의 온도가 마음 사이를 오고가며
소래포구를 여러 번 지웠다 그리며 반복하는 동안
칼바람 정도는 견디어 내는 150편의 시가
즐비하게 봉인된 마음으로 가르침을 받는다

너와나 멀지 않은 가까운 거리에서
소래포구와 연인이 되어 무엇을 생각하고 있을까
난 그대들을 위해 푸른 숲을 하나 만들고
그대는 나를 위해 푸른 바다하나 만들어 준다면
우리 서로 그윽한 눈으로 바라볼 수 있지 않겠나.

광교호수의 창가

내 꿈을 만나는 이여
창문을 열고 맑은 호수를 바라보아요
스스로 삶이 부르는 소리를 들을 수 있어요

호수 어울림에는 그대가 있고 내가 있어요
원천이라는 단어는 추억으로 남았지만
뇌를 적열하는 미풍바람이 그날을 기억하지요
힐링은 얼마나 소중한 일인지 몰라요

이 세상 하나밖에 없는 마술 같은 정원에
절실한 꿈이 문화로 승화시켜주는 건조함이
창문을 열고 달리면 호수가 보여요

문화를 즐기고 느끼게 하는 광교호수 공원
내 삶의 전부가 호수는 바라만 봐도 이치가 흐르고
마음과 발길을 이끄는 잔잔한 호수가 있어
나를 향한 풍경이 멈추지 않는 동안
영원히 꺼지지 않는 등불하나 밝혀놓고
별 속에 안부하나 만들어 놓겠습니다.

윤기영

창작동네 시인선

윤민희

시집 『그리움을 위하여 가슴 한 켠을 비워두기로 했습니다』,
『엇박자』,『책들이 나를 보고 있다』
수상 동서문학상. 대한민국 독도 문예대전, 오산문학상,
　　　풀잎문학상 수상. 경기도문화예술진흥유공 표창
오산문인협회 회장 역임,
문학석사,
초등학교 교사

지천명

윤민희

절반은 내가 가고
절반은 네가 와서
손잡고 갔으면 좋겠어

절반은 앞에서
절반은 뒤에서
나란히 갔으면 좋겠어

자정이 바라보는 정오
춘분 추분이 바라보는 해와 달

좌우 날개로 나는 새들처럼
중용을 잃지 않는
지천명이었으면 좋겠어

너에게

윤민희

애쓰지 말자
눈뜨면 그리움이 시작되고
눈을 감으면 그리움이 쌓이더라
밤과 낮도 그리워서 서서히 돌아서고
소나무도 그리워서 평생 푸르다
끝없이 두리번거리는 너도 그리움 때문이고
하느님이 바람으로 휘젓는 것도 그리움 때문이다
눈도 그리워서 온몸으로 날아다니고
그림자도 그리워서 따라다닌다

애기똥풀

새벽별이 뿌려 놓은
옹알이

앙증맞은 두 살배기
노란 뒤뚱

지천으로 흩어져 앉은
천진한 웃음

우리들의 이쁜 똥

윤민희

이상한 친구

윤민희

친구는 묻어둔 김장김치 맛을 걱정하면서
자동차 트렁크에 김치 통을 넣는다
박스 한가득 고구마와 함께

일 년을 가꾼 배추와 갖은양념들
그 마음 상할까 봐 뭉쳐 두었다
기다리다 지치면
땅속까지 들어가서 기다린 반년

도시의 시계는 언제나 바쁘다고
받는 즉시
휭허케 돌아서는 농축된 한 시간

늘 담아놓고 기다리는 친구입니다
늘 받아들고 달아나는 친구입니다

가을 예감

나뭇잎에 맺힌 햇살을
밀었다 당겼다 하는 사이

조금씩 기울고 있다는 것을
바람은 아는 듯하다

초록의 표면을 공략하는
가을 햇살에는 가시가 없다

단풍나무 아래에 서면
마음은 쉽게 빗장이 풀리고

벙그러진 자리마다
동그랗게 가을물이 고인다

윤민희

창작동네 시인선

윤석진

경기 성남시 거주
건국대학교 林學科 專攻(졸업)
사단법인 문학愛 시 부문 신인문학상
현대시선 제3회 영상시 신춘 문학상 최우수상
제2회 아차산 문학상 동상 수상
문학愛 시화전 3회
현대시선 광교호수 시화전 2회
시와 늪 문학관 창원 용지호수 시화전 1회
(사)문학愛 경기지회장(前)
(사)문학愛 부회장(前)
(사)문학愛 공로패(2021. 5. 8.)
(현)현대시선 부회장
저서_제1시집 [남한산성 바람을 타고]
    제2시집 [풍향계]
공저_현대명시특선집
    詩 오솔길에 문학애
    문학愛 바람이 분다
    문학愛 통권
    현대시선 통권 외 다수

도둑게

윤석진

걷고 싶은 갯벌보다
되돌이표 없는 고집을 끌고 간다

어린아이 고운 얼굴보다
갯마을 솔향기 노을빛 보러 가다가
길 막고 자빠져 아우성치는
도둑게 한 무리 보았다

먼저 쓰러진 몸속에는
돌아설 수 없는 편견을 물고 팽창하는
장화 같은 형벌을 안고 사는지

소용돌이마저 휘젓고 헤엄칠 자리
물머리 살면서 초심을 기억한 채
염치 모를 수렁에 숨은 도둑게 두 마리

갯바위 파도에 누운 후유증보다
세월의 통금 병목에 묶여
바닥에 몸 세운 주름이 높다

윤석진

나는 은사시나무입니다

윤석진

내 이름은 사시나무입니다

내 친구는 아카시아 나무도 아닌
플라타너스 나무도 아닌 자작나무도 아닌
늙은 느티나무도 아닌 백양목입니다

내 이름은 사시나무이지만
내 본향을 알아도 따라지처럼 객지 나와
나는 당신을 만나 은사시나무입니다

나와 같은 나무들이 어딜 가나
한물간 듯 천대받고 속 태워 산다기에
푸른 몸 이고 깨끗한 노래를 안고 사는 나무

나는 이제 은사시나무입니다

철마다 바람 불면 파도처럼 춤추고
꽃피면 나비처럼 날아 속없는 놈이라 해도
나는 그냥 나무이지만

가을엔 수줍어 물들고
겨울이면 나목으로 당당히 서있는
나는 은사시나무입니다

서리꽃

누군가 물었습니다
어느 꽃 이름이 예쁘냐고

누군가 답했습니다
수많은 꽃 중에 당신 닮은 꽃을 만나
바라볼 수 있을 때까지 바라보다가
끝내 호호 불어 지워내자고

햇살 하나로 어둠 하나를 지울 수 없는 이름
괜찮다 말해주는 당신이기에
나는 그 꽃을 눈 시리게 바라봅니다

유리알 같은 꽃 한 송이
이제 내려놓은 호흡이 바스락거리는지
투명과 회색의 무게로 피어
나는 그마저 꽃으로 쓸 수밖에 없습니다

내가 지칠 때 견디라는 말보다
설움이 남아 꺾을 수 없는 꽃이란 걸 알기에
지우개처럼 핀 당신을 또 시웁니다

창가 올라 탄 이름이여
만추의 오지 다시 필 수 없기에
차갑게 식어도 꽃입니다

윤석진

야생화

윤석진

산마루 고갯길 앉아
오고 가는 사람들 찾아 피는 꽃
그 향기가 좋고

이름 하나 다 읽지 못해도
막걸리 한 사발에 취한 쑥부쟁이 같은
그 사람도 좋다

무명옷 고름에 새긴
산빛 종소리
보는 이 없어도 그 사연이 좋고

늦가을 허수아비처럼
약속 없이 무작정 기다리는 꽃
그 고집이 좋다

탑골공원

오만한 잎새가
하나 둘 떼 지어 날고 있다

자라던 나무도
경계를 늦추고 서있다

노을은 어둠 속 이불처럼 살아도
나뭇가지 가을이 들어
홍시는 광장의 등불로 매달리고

세월의 마름질
중력은 낙엽만 밀치는지

새벽까치는
대낮부터 시위 중이다

윤석진

창작동네 시인선

하늘꽃 윤외기

경북 의성 출생, 경기도 용인 거주
현대시선문학 등단, 현대시선문학 부회장
제1회 아차산 백일장 추진위원장
제5회 시담문학대상, 제3회 시집작가상
제4회 현대시선 영상시 신춘문학 최우수상
제9회 감성테마여행 아시아창작문학대상
제10회 감성테마여행 글로벌문학 창작대상
피사체 시문학공모 장원급제
제47회 코벤트가든문학상 대상
제1시집 그리움의 꽃잎편지
제2시집 갈바람이 전하는 연서
초록물결(5~8호), 쉴만한물가(1~5호), 수레바퀴(10~12호)
아버지의 강, 감성연가, 정설연의 시 마이웨이 외 다수

갈바람이 전하는 연서

하늘꽃 윤외기

그늘진 가슴은
눈물조차 어두운 기억 속에 감추고
부드러운 손길 닿는 사랑에
점점이 박힌 상처로 가슴 아프다

가슴속에 숨긴 그리움
지울 수도 잊을 수 없음에
움찔거리는 고통 속에 머물 수 없는 시간도
보고 싶음이라 묶어버린다

바람이 전해 온 말에
요란스럽게 눈물 떨구어도
달빛 여울에 색 바랜 추억은
공존의 시간과 떠나는 공간마저 또렷하다

바람 따라오길 원하고
갈망하는 마음 전해주고
느티나무 아래서 맺은 사랑
어딜 숨겼는지 흔적조차 찾을 수 없다.

잊지도 지우지도 못한 채
속앓이 하는 움켜쥔 그리움 한 조각
어렵게 꺼내어 읊조린 한마디, 너무 보고 싶다

윤외기

바람에 꽃잎 스치듯

하늘꽃 윤외기

숨 막힐 듯 분내 나는
세월 속에 던져진 몸부림인가
찬란한 햇빛이 아닌 아우성치는 축제의 연속인가

그리움 된 영혼의 풀꽃에
새겨진 추억마다 설레게 하는 절규에
뿌리 깊은 거목은 어둠 속에서 검게 시들었다

꽃잎 떨구면 신음할까
바람에 꽃잎 스치듯
숨넘어갈 것처럼 외마디 토해내며
누굴 그리는지 알 수 없어도
소유하는 순간 그리움이 용솟음친다

전하지 못한 사랑인가
핏빛 하루가 저물면
한 줄기 혼불로 남아 낯가림하는
어눌함도 넘겨야 할 몫이다

찔레꽃 필 때면 만신창이가 되어
볼품없고 초라할지라도
울부짖는 절규조차 애틋한
진한 찔레꽃 피고 지는 꽃향기 전한다.

여백의 강(江)

추억으로 엮인 일기장 속에
가슴은 고요한 강물로 흐르고
잔잔한 숲은 한 자락 바람으로 하늘 감싼다

먹구름 사이로 내리는 빛줄기는
철없던 어제 같은 이별처럼
한 조각 손아귀에 낀 채
여린 순정으로 글썽이는 연정이다

선선한 바람이 눈시울 스칠 때
파도처럼 밀려드는 그리움은
부재의 시간을 추억하며
한 옥다브 낮춰 서러운 눈물로 노래한다

여백의 눈물로 가르쳐 준 이별조차
그리움으로 엮인 낙서는
어느 이름 없는 해변에서 마음껏 소리친다.

윤외기

올가을에는

하늘꽃 윤외기

올가을에는
사랑하는 임과 나란히
파란 하늘만 바라볼 수 있었으면 좋겠습니다

올가을에는
끝내려던 것도
처음부터 다시 시작하며
그리움 하나 하늘에 걸어두고 싶습니다

올가을에는
바라보아도 질리지 않고
담아내고 나누어도
욕심 없는 넉넉한 마음이고 싶습니다.

올가을에는
끝까지 사랑하고
하늘과 바다만 바라보고 있어도
가슴 아파하지 않았으면 좋겠습니다

올가을에는
그리움 하나 떨구어 낼 때마다
푸른 바다에 담아두고
서로 사랑할 수 있으면 좋겠습니다.

구절초

혼자는 쑥스러워
아니, 부끄럽고 외로워
한걸음 떨어져 무더기로 피는구나

큰 것도 작은 것도 싫은지
어김없이 기다리다
고만고만하게 피어나는구나

무더위도 추운 것도 싫은지
소리 없이 떠나는
가을에만 꼭 피어나는구나

이젠, 돌아올 것 같지 않더니
연약한 듯 야무지게
무얼 해도 가을은 가슴 두근두근

아무도 모르게
숨죽이고 기다리다가
바람에 흔들리는 여린 모습조차
가슴 설레게 한다.

윤외기

창작동네 시인선

다경 이경희

아호 다경
(사) 종합문예 유성
    시, 시조, 동시, 수필, 소설,
    문학평론가 등단
(사) 현대시선 문인협회 정회원
(사) 한국문인협회 정회원.
(현) 서울 중구문인지회 부회장
<수상>
대한민국 문학대전 대상
노벨재단 선정 사회공헌상 수상 外 다수

마늘

다경 이경희

겨우내 동면하고
꽃샘바람에 날아갈 듯
기지개 펴며 삐죽거릴 때
차가운 바람 매질에
슬퍼하거나 울지도 않고
손 흔들어 보지만
보아주는 이 없다

화염에도 강하게 숨어 키워낸
생명의 결실로 기쁨을 자축한다

겉옷을 벗겨대는 손가락
장단에 맨살의 시림을
톡 쏘는 향
뾰족한 원망의 눈초리로
바라본다

옷을 벗어야만 사랑받을 수 있는
운명을 맞이하며
힘과 희망을 줄 수 있는
나는 벗겨진 채 뽀얀 속살
수줍은 미소 짓는다.

빨간풍선

다경 이경희

슬픔을 마셨다네
목덜미 타고 오르는
쓰라린 아픔

가슴으로 흘러내린
심상은 너덜거리고
참아내려니 핏줄기
머리로 치솟는다

울분에 기가 막히고
가슴골은 피멍으로 아리고
옥 조여 오는 심장은 터질 것 같네

높다란 푸른 하늘에
희망의 메시지 담아
빨간풍선 하나 띄워 올린다.

맷집

이 글을 읽어주는
고마운 사람의 안부가 궁금하다

당신의 하루는 무엇으로
점철되어 있을까

어깨를 짓누른 고뇌를 오늘 밤
말끔히 걷히기를 두 손 모아 기원한다

설령 슬픔이 사라지지 않더라도
삶의 무게를 견딜 수 있는 마음의
맷집만은 두둑했으면 좋겠네.

이경희

촛불

다경 이경희

녹아내리는 뜨거운 눈물
굳어 애증을 남긴다

은은히 타오르며 춤추던
불꽃은 희미하게 꺼져간다

화려한 받침대에 한가득 고인
사랑의 붉은 애심은
아직도 온기가 남아 식지 않는다

그대를 두고 혼자 갈 수 없는
내 영혼 마지막 열정으로
불꽃 다시 피워주리.

함박눈

애간장 녹아내리는 기다림에
초조함이 부둣가에 서성거린다

지난날 바닷가에서
휘날리던 하얀 꽃가루

가슴으로 안아 받을 때
황홀한 기쁨을 마주하던 함박눈
오늘도 기다려지네

저 멀리 수평선 너머
뱃고동 소리 메아리로 들려오고
펄펄 거리며 날아오는 하얀 눈꽃 듬뿍 싣고
뱃머리 돌려 찾아와 애타던 내 가슴 어루만져주누나.

이경희

창작동네 시인선

광지 이동구

*시인, 수필가, 작사가, 가수
*현대시선 문학사 정회원
*한국문인협회 정회원
*종합문예유성 정회원
*제2시집 바보꽃 저자
*동인지, 시화전 다수

가을의 일기

  광지 이동구

손으로 느껴지는
모든 것들과
눈으로 파고드는
아리따움이

금방이라도 떠날까
움켜쥐고서
가슴속 한쪽
채워보는 하루

이날이 가는 것을
잎새가 말하며
바람에 맡긴
몸뚱이를 나부낀다

잔잔한 어둠이
나를 감을 때
붉디붉은 석양이
별들을 부를 때.

이동구

붉은 잎새

광지 이동구

잎새는
낙엽이 될 것을 알겠지
백발이 되어가는
우리네처럼

발그스레
해가 넘어가듯
붉게 탄 얼굴이
한없이 검어진다

바람은 차가워
마음을 얼리고
모든 게 익어
떨어지길 기다리네

벌거벗어 버리는
다음의 계절 앞에
쳐진 눈꺼풀은
그래도 웃음을 짓는다.

오늘도

허리를 밟아줘서
고맙다는 산과
자기 얼굴 봐준다고
웃어주는 꽃들

바람이 간지럽혀
덩실대는 나무들에
하늘과 구름인들
보고만 있겠는가.

이동구

삶

광지 이동구

스스로 찔러
피가 나고
아프니, 우는구나

만들어가는 인생
내 마음이 일러
그대로 되는 것을

내가 봄이면
꽃이 보이고
낙엽이면 쓸쓸하리

만들어지는 것에
원망치 않기
모두 내가 부르지 않았던가.

마지막이 오기 전에

언덕을 뛰어오른다
바람이 닿을 때까지
그리고 나를 느끼려
헐떡이고 헐떡인다

지난날들 운무를 타고
시련과 행복의 풍경
몇 번인지도 모르는
웃음과 눈물

벚꽃이 지고
긴 빗줄기도 맞았다
이젠 단풍을 꿈꾼다
어제 잎과 오늘의 잎

주름진 얇은 손
가는 머릿결을 잡고
저 하늘은 한 번 더
나의 웃음 받을지어다.

이동구

창작동네 시인선

山野 이종관

아호: 산야
거주 경기도 광주
현대 문학사조 시 부문 시인상 수상
현대 문학사조 문인협회 정회원
현대시선 문인협회 수석이사
공저 : 수레바퀴. 꽃잎편지 참여
　　　현대문학사조 문인 동인지 2회 참여
현대문학사조 시화전 3회 참여
현대시선 작가회 광교시화전 소래포구 참여

가을

山野 이종관

우리네 삶에도
계절이 있다면
내 인생의 계절은 어디일까

그 외로움도 이리 무뎌졌는데
같은 자리 맴도는
빈 발걸음은 바쁘기만 하네

가을 이란 계절 에 서서
나의 계절은 어디에

늘 저하늘 같았으면.

그대 품안에

산야 이종관

찬바람에 새운 옷깃
갈피갈피 펼쳐보니

지나는이 없는 굴다리
발걸음 자리마다

그대 얼굴 떠올라
하늘하늘 붉었어라.

10월의 끝날

붉은 입술은
여린 틈새의 기억처럼

차가운 바람에 옷깃 여미고
빈가지 그림자의 추억이

짙은 물안개 자욱한
침묵의 호수처럼
고요에 잠긴다

길 위에
낙엽이란 시구하나 내려놓고

시린 날의 눈물
한잎 두잎 엮어 떠나가네

풀잎 시를 쓰고
그대의 기억들이
밤새도록 그리움으로
남는구나.

이종관

선운사

산야 이종관

선운사 풍경 물고기
하늘에 걸려있네

오로지 생각하나
가슴에 묻고

이내 마음 도솔천 계곡물에 씻어볼까

붉은 도솔천 물빛에 손 씻다가
손톱에 봉숭아 물들까

붉은 눈물 사랑의 상처인가
깊은 밤 설음 많아 목놓고 울다
갈림길 인연

물고기 놀고 있는 풍경에
이내 심정 매달아 볼까

따뜻한 녹차 한잔에
위로받아 보지만
스쳐 지나가는
바람처럼이 아니길.

가을비

바람 좋은 날
간다고 갈거라
노래 부르더니

가을비에
흠뻑 젖는구나

너도 젖어들고
나도 젖어들고

이 가을
이 가슴에도
이렇게 젖을 줄 몰랐네.

이종관

창작동네 시인선

이춘운

거주 서울
직업 건설업 현장소장
현대시선 시 부문 신인상 수상
현대시선 운영이사
시집 : 당신을 위해서라면
공저 : 수레바퀴3.4.5
       감성테마여행 1집
문집 : 현대시선 다수 발표
아차산. 광교. 중랑천 시화전 참여

사랑을 할 수 있었다면

바다에서 이춘운

사랑을 할 수 있었다면
추적추적 비가 내리는 날
가랑잎처럼 외로운 당신이
울고 가지 않았을 것을

흐르는 눈물이 얼룩진
그 얼굴이 떠올라
잊을 수 있다면
눈물이 비처럼 내리지 않았다

가는 날 잡을 수 없어서
추적추적 비가 내리며
가슴 두드리는 빗소리
외로운 가슴을 아프게 하네

색바랜 사진을 보면서
흐려지는 눈을 비벼도
마음속의 그 얼굴은 아름다워
사랑한다고 말 못 한
그날을 잊을 수 없다

이춘운

받아준 사랑

바다에서 이춘운

맑은 호수물 같은 두 눈
앵두 같은 입술
갸름한 얼굴
예쁜 얼굴 보다
착한 마음씨에 반해

파도치는 황금 들판
오색으로 물든 단풍
흔들리는 억새들
미러불사이키처럼 돌아가는 마음에
따뜻한 사랑이 싹트고 있었다

똑똑 끝없이
두드리고 두드린 노크 소리에
쌓아 놓은 공든 탑을 무너뜨리고
감사하게 살며시 문을 열었다

고운 말
사랑한다는 문자
애틋한 열정에 끌려
마음을 열었단다

부푼 가슴에
꽃향기 날리는 애정에
마음을 열었는데
어떻게 보답해야 할지

긴 장대로 휘둘러도
걸릴 것 없는 삶에
하나님이 내려준 은혜라
받아준 사랑이
감사하고 행복했다

이춘운

내가 너를 사랑 한 것은

바다에서 이춘운

내가 너를 사랑 한 것은
꽃 속에 가시가 있는 장미가 아니고
순수하게 시골 아가씨처럼
늦가을에도 곱게 피는 꽃이기 때문이다

어제는 빨갛고 노랗게
오늘은 별빛을 뿌려 놓았는데
낙엽을 이고 미소 짓는 들국화
당신을 보면 절로 웃음이 나고 있다

함께 가는 인생길에
누구는 웅덩이에 밀어 넣고 가버리고
누구는 어깨동무하여 손잡고 같이 가지만
언제나 내 곁에서 지켜 주는 그대가 있어서
늘 행복해서 절로 웃음이 나고 있다

한여름 삼복더위에서 일하고도
한 시간이나 멀고먼 길을 달려와
내 품에 안겨 주는
그런 사람이 바로 당신이기 때문입니다

당신은 향기 진한 늦가을의 들국화
별빛 뿌리는 추위 속에서도 웃음을 주고
행복을 열어주는 원동력
오직 사랑 하나만으로 살아가요

아시나요
내가 좋아하는 꽃 같은 영혼에
당신의 영혼을 맞추어
들국화 같은 사랑을

이제는 내가 따뜻한 온돌이 되어
당신의 시린 온몸을 녹여 주는
꺼지지 않는 불이 될래요
오직 당신만을 위한 사랑으로

이춘운

두산 같은 사랑

바다에서 이춘운

바다가 깊고 깊어 갈 수 없었나
파도가 높고 높아 올 수 없었나
그립고 안타까워 눈물이 흘러내린다

바다에 흐르는 건 그리운 눈물이고
파도가 전하는 건 사무치는 마음이라
오월의 장미가 한이 서려 피었구나

인생살이 사랑으로 꽃피워 가는데
무엇이 사랑보다 중하기에 떠나셨소
마주 보고 만날 수 없는 사랑이어라

도봉산에서

주봉을 돌고 돌아
날아가는 꾀꼬리야

여성봉에서 만난 임에게
내 마음 전하여라

신선대의 신선은 아니어도
그리움만 남기고 가네

이춘운

창작동네 시인선

심원 이향숙

호 : 심원(沁圓)
충남 홍성에서 태어남
인천교육대학교 졸업(1973년)
38년간, 초등학교 명예퇴진(2011년)
계간 현대시선 시 부문 신인문학상 수상
계간 현대시선 문인협회 이사
제4회 영상시문학상 가작상 수상
제5회 영상시문학상 대상 수상
제7회 영상시문학상 우수상 수상
제2~3회 감성테마여행 영상앨범 참여
정설연시낭송 1~4집 참여
시집 : 내 마음의 고향(2016년)
공저 : 꽃잎편지. 가을편지. 수레바퀴 외 다수
시화전 : 광교. 아차산. 중랑천. 영종도. 소래포구 참여
시비 : 덕평공룡수목원 현대시선 문학의 거리 참여

늘 처음처럼

심원 이향숙

봄으로 가는 길목
햇살이 포슬거리고
봄바람이 살랑살랑
봄 처녀처럼
연분홍빛 진달래빛
노오란 산수유꽃처럼
살포시 내 마음속으로
이팔청춘 곱던 그때
그 마음처럼
늘 처음같이
곱고 아름다운 영혼으로
우아하고 고상하게
늙어가게 하소서.

더 나은 내일을 위해

심원 이향숙

겨울비가 조근조근
소리 없이 내린 날
마른 나무 잎새들이
목축이고 싱글벙글
마른 겨울
봄으로 향하는
힘겨운 자연
세상살이도 힘든 요즈음
내일이 있기에
오늘을 사랑합니다.
좀 더 나은 내일을 위해
정직하고 성실한 생활로
그리고
착하고 아름다운 영혼으로
멋진 내일을 위해
부지런히 뛰고 열심히 일합니다
희망이 있기에
우리는 오늘도
사랑 담고 감사하면서
새 아침을 시작합니다
모두에게 주님의 은총과
축복을 기원해봅니다.

아름다운 시월에

하루가 다르게
나무 잎새들이
예쁘게 물들어갑니다
어느 멋진 시월을 노래한
성악가의 가사처럼
시월의 단풍빛으로
마음도 곱게 물들었으면
시월은 가슴이 시리도록
멋진 자연과 함께
아름다운 우리 강산
예쁜 추억 많이 만들면서
갈잎이 쌓인 오솔길 걸어요
행복한 마음으로.

이향숙

아름다운 마무리

심원 이향숙

아름다운 가을
온갖 예쁜 꽃들이
계절을 화려하게 장식하는
구월이 지나고 있다
일년의 결실을 마무리하는
가을, 인생도 그러하리
내 나이 일흔하고도 두살
인생의 가을을 지나고 있다
머리는 하얗게 서리맞은 모습
통통하던 얼굴도 탄력잃은 모습으로
인생의 가을을 아름답고 멋지게
마무리하는 모습으로
우아하고 고상하게 예쁜 시를 쓰면서
예쁜 다기에 국화차를 마시며
이 가을을 아름답게 마무리하고 싶은
난 아직도 철부지 소녀 같은
노년의 할매.

겨울비 내리는 날

안개 자욱한 겨울날
포근한 겨울 날씨에
비가 주근주근
소리도 없이 내린다
아직은 한겨울인데
봄처럼 따스한 이상기온
울 아파트 명자나무도
새순이 뾰족뾰족
산수유 꽃몽우리도 통통
겨울비 온종일 내리는 날
난, 울 강쥐들과 함께
행복한 할머니
맛난 반찬 만들고
예쁜 시 쓰면서
아름다운 마음으로
긴 겨울을
행복하게 지내고 싶다.

이향숙

창작동네 시인선

怡每 이현천

충북 충주 출생
경기도 성남 분당 거주
현대시선 신인문학상(2021)
'감성의 온도' 외 동인지 참여
소래포구 시화전 외 시화전 참여
현대시선 외 시 문학 활동

그림자

怡每 이현천

천변길을 걷다
내 그림자 바라보네

속속들이 안보여
얼마나 다행인지

내 치부를
알고 있으면서도
힘든 내색 안하고
묵묵히 나를 따르는 너

그 인연을 어디에 견주랴

오늘은 길 건너
순대국 집에 데려가
막걸리 한잔 사줘야겠다

너 같은 길동무
두셋이면 얼마나 좋을까

이현천

백미(白眉)

怡每 이현천

때론
거스를 때가 있었다

때론
눈 감아야 할 때도 있었다

숨어서 물든 눈썹 하나
모른체 지나치긴 너무
서글퍼 눈물도 났었다

너 아름다웠다
굳이 말하지 않아도 된다
눈 위의 작은 모습만으로도
넘치는 삶이었다

어느새 하얘져서도
그 자리 지키고 있는 너, 백미
어쩌자고 검었던 삶
그때만을 그리워하는가

문득

다 알았다 했는데

꽃은 져서
어디로 가는지

바람의 끝은 어딘지

구름은 어디서 오는지

문득,
총총이는 내 걸음의
방향은 맞는지

이현천

빈집

怡每 이현천

마른 풀이 가득한
마당엔 언제 썼던 건지
지게 하나 누워있다

거미줄 엉킨
사랑방 문짝엔
언제 걸어 놓은 건지
때절은 무명옷 하나 걸려있고

부뚜막 무쇠솥
어머니 손길을 기다리다 지쳐
벌겋게 녹슬어 늙어간다

달음질 치던 조그만 둔덕길
내 작은 발자욱 선명하고
왁자지껄 웃음소리 남았다

반쯤 내려 앉은 흙담 아래
구절초 지금도 피어나건만
어디가서 만나랴
가고 없는 그 얼굴들

고향 만나고 돌아오는 길
한없이 비어가는 내 마음.

가을 닮은 삶이 소서

가을은 봄과 여름을
원망하지 않습니다

가을은 바람과 폭우를
원망하지 않습니다

가을은
우리의 부족함도
우리의 게으름도
원망하지 않습니다

주어진 만큼을
내 몫으로 채운 이가을
주어진 만큼을
내 색으로 채운 이가을

가을 닮은 삶이면
뭘 더 소원하리오까.

이현천

창작동네 시인선

시인 임선미

구미시 거주
문학애 시 부문 신인상 등단
문학애 정회원
문학애 통권 다수
문학애 바람이 분다 동인지 다수
현대시선 시 부문 신인상 수상
현대시선 문인협회 정회원
동인지 수레바퀴 다수
아버지의 강 옴니버스
광교 호수 시화전
소래포구 시화전 참여

꽃물

                    임선미

하늘이 먹색 구름 가득한 날
먼 산 능선 바라다보며
첫눈 오기만 기다립니다

지난여름 빨간 봉숭아
꽃잎 따다 곱게 물들인 손톱
가을을 지나고 잘려나간 기억들
초승달만큼 남았습니다

행여나 오시려나 가슴 졸인 시간들
손톱 끝 봉숭아 꽃물 지기전
첫눈 기다리는 마음

하늘만 하염없이 바라다보다
서쪽 하늘만 붉게
물들어갑니다

고등어

　　　　　　　임선미

재넘어 사래 긴 콩밭 가을볕에
튕겨지는 새까만 숫자들
해 걸음 저녁 햇살
주름진 목덜미 쌓이는 그리움

오일장 나가신 아버지 손에 들린
자반고등어 찌든 삶 켜켜이 쌓여
처마 밑 내려앉은 어머니의 근심
가슴에 묻은 먼저 간 막내 생각

고단한 하루는 초가집 처마에 걸려
졸고 있는 초저녁 별빛 등불 삼아
장작불에 자작자작 구워지는 주름살
등을 훑고 지나는 바람 통곡하는 문풍지

가을 그리고 이별

푸른 장막 위에 걸친 노을이
허기진 주린 배 움켜잡고
하루의 끝을 헤아리며 작별한다
검푸른 바다가 거센 숨결로
뜀박질 시작할 무렵
깜박이는 불 밝힌 등대

숨 가쁘게 달려온 계절마다
놓아둔 설렘도 하나 둘
검은 도시의 빌딩 속으로 사라져
어둠이 지배하는 밤
짧기만 한 가을 어느새
저마치 서 작별을 고한다

앙상한 우듬지 하얀 꿈으로
단잠을 이루면
찬 바람에 떨고선 가로등
갈 길 잃어 흐느끼는 바람 소리
이별을 걸어둔 생의 끄트머리

임선미

어머니의 꽃밭

임선미

뜰 앞 말갛게 웃고선 과꽃
수줍어 분홍빛으로 피었습니다
장독대 난간 마리골드 노란 향기
가을이란 이름 놓더니 아버지 지게 위
세월도 곱게 내려놓았습니다

익어가는 벼이삭 고개 숙인
논두렁 넘어 황혼이 지면
아버지 바지게 가득 실어 온 노을
풍경을 그리는 구월
올해도 과꽃은 흐드러지게 피었건만

들일 나가신 아버지
물동이 이고 가신 어머니
아무도 살지 않는 빈터 외로이
기다리는 어머니의 꽃밭
보랏빛 과꽃 기대선 고향집 울타리

잠시 너의 곁에 살았던 나

눈 부신 햇살 부서지는 거리에 서면
언제나 난 너를 그린다
빗물이 촉촉이 적시고 지난
가로수 거리에 서도 네가 그립다

아름다운 오색 단풍 물든 가을
떨어지는 잎새 내 심장일까 봐
내 가슴도 무너져 내린다
지금 어디서 무엇을 하며 살까

우울한 내 모습 보며 까르르 웃어주던
천진스럽던 너의 향기
잠시 너의 곁에 살았던 나
잘 지내고 있는지 아프진 않은지

행복하겠지만 잠시 스친 인연에
조금은 행복했었다고 말해 주겠니
잘살고 있겠지만 때론 내 생각하는지
맺지 못할 인연 눈물 흘리지 않기를

임선미

창작동네 시인선

시인 임윤주

경남 창원시 마산 거주
현대시선 시 부문 등단
현대시선 문인협회 홍보이사
마산문인협회 정회원. 시와늪 회원
제3회 현대시선 문학상 수상
제4회 영상시 신춘문학상 최우수상 수상
저　서: 시로 물들다
동인지: 수레바퀴 외 다수 참여
시화전: 광교호수·용지호수 외 참여
카오스토리·시로 물들다 채널 운영중

커피 향기 가득한 날

임윤주

은은한 커피향이 행복하게
만들어주네요
가을바람에 스치는 그리움

은은하게 퍼지는 커피향처럼
추억도 그윽하게 스며드네요
아련하게 떠오르는 그날의 기억

어스름한 길모퉁이 돌아가면
만날 것 같은 보고 싶은 얼굴이
영상처럼 떠오릅니다

커피 향기 맡으니 커피 닮은
그대가 자꾸만 보고 싶습니다
그대가 좋아하는 가을입니다

그대가
머문 계절
가을입니다
잘 있나요

임윤주

그리움 · 5

임윤주

구절초가 흐드러지게 피어나면

하얀 그리움으로 피어나는 얼굴

하얀 백지 위에 동그라미 하나 그려본다

눈 코 입 은 그리지 않았다

진한 그리움으로 물들어간다

내 아픈 사랑아

내 아픈 가을아

그럼에도 불구하고 가을

너를 외면하지 못한다

슬프고도 시리고 아픈 가슴앓이

가을!!

가을 속으로 스며든다

코스모스 핀 조그만 길
그 사이로 천천히 걷는다

갈 바람이 불어와 콧등을 간지럽힌다
아스라이 멀어지는 옛 추억

희미한 그 가을 속으로 스며든다
향기로운 꽃으로 살며시
고개 내민 가을

스미는 아련함이 떠올라서
혼자서 서성이고 있는
가을속 그리움이 빙그레 웃는다

임윤주

물 흐르듯 자연스럽게

임윤주

미워하는 마음보다
사랑하는 마음으로
오해하는 것보다
이해하고 받아들이면 편하더라

그저
욕심 없이 꾸밈없이
조용히 흐르는 물처럼
자연스럽게 잔잔하게
하루 속으로 스며들고 싶다

별 그리고 그대

수 많은 사람들 중에
고운 인연으로 만나
우리 지금 여기 함께라서
더 행복해지는 순간입니다

다정하게 내 이름 불러주는
그대가 있어서 행복합니다
따스하게 손잡아 주는
그대가 있어서 행복합니다

함께 걸어온 길
함께한 시간과 공간
아픔도 슬픔도 고통도
그대와 함께라서 힘들지 않았습니다

감사합니다
고맙습니다
사랑합니다
그대 제일 빛나는 별입니다

임윤주

창작동네 시인선

德海 임하영

충남 장항 출생
공학박사(자동차 전자제어시스템)
한국시와소리마당 수석부회장
우송정보대학교 교수 역임
㈜경진테크니컬솔루션 부사장
[수상]
2020년도 대전문학 시부문 신인작품상
2015년도 한국을 빛낸 자랑스런 한국인 대상(신기술 개발)
2017년도 제3회 대한민국교육공헌대상(교육)
2019년도 위대한 한국인 대상(사회봉사공로대상)
2021년도 대한민국충효문화대상(효부문)

공저 : 첫사랑. 가을향기. 시향을 담아서.
　　　한국시와소리마당 제4집
　　　대전문학, 계간전당문학 외 다수
시화전 : 제27회 용인감성문화제 시화전 참여

독백

　　　　　　　　德海 임하영

어느 날 아침 거울 속에 비친
중년을 지나 노년으로
가고 있는 나의 모습을 본다

머리카락은 반백이 되어있고
주름은 하나둘 늘어가고
몸은 여기저기 삐그덕 거리네

영원할 것 같았던 젊음은 가고
지나온 세월의 훈장들만
여기저기 보이는 구나

자신의 노년은
그 어느 누구도 대신해 주지 않고
자신이 스스로 챙기라 했는데

나는 진정 후회 없고
아름다운 노년을 위하여
얼마나 준비를 하였을까.

　　　　　　　　　　　　　임하영

10월이 오면

德海 임하영

내 인생에도 10월이 왔나보다
아침부터 옛 동료이자
지인의 부고가 전해온다

홀로 왔다
홀로 가는 것이 인생이라지만
조금은 허무함이 든다

그 기세등등하고
높은 뜻은 다 어데가고
흰머리와 주름만이 남았네

쌓은 덕 깨달음은
연륜의 지혜로만 남고
속절없이 나이만 먹은 중년이네

하나둘 낙엽 지듯
홀연히 떠나는데
나 또한 단풍지고 낙엽지는
가을을 맞아하나 보다.

중년을 즐기자

중년을 즐기자
쓸쓸하고 허전함이 아니라
새로움을 찾고 즐거움을 찾아

한 세상을 살아가면서
꾸었던 꿈을 다 안아보고
삶을 즐겁게 가꾸어 보자

세월의 흐름을 탓하지 말고
나의 삶을 존중하고
내가 책임질 수 있는 삶으로

지난 일들을 교훈 삼아
내 스스로 맞추어 나가는 삶
중년을 그렇게 아름답게.

임하영

또 하나의 추억

德海 임하영

낙엽이 흩날리는 공원에
추억이 흐른다

노오란 은행잎 떨어져
길 위에 이불을 펼치고

붉은 단풍 그 위에
아름다운 수를 놓는다

한여름의 푸르른 청춘과
붉은 빛의 정열도 내려놓고

재색의 황혼으로 가는 인생길에
또 하나의 추억을 그려간다.

퇴근길

나를 슬프게 한
붉은 저녁노을

각자의 자리로 돌아간
텅 빈 거리는 슬프기만 한데

꿈이 있어 좋았던
젊은 날의 시간이 그립고

열정으로 가득한
얽히고설킨 삶
그런 날들을 기억하는데

몸과 마음이 분주해도
꿈을 향해 뛰어간 내 젊은
퇴근길이 그립다.

임하영

창작동네 시인선

瑞顯 임효숙

o. 필명 (瑞顯 서현)
o. 세종대 산업대학원졸업
   (호텔관광외식경영학 석사)
o. 원주 출생 서울시 강서구 거주
o. 사)한국문협 정회원.계간문예 정회원
o. 글벗문학 시조부문 신인문학상(21년12월)
o. 현대시선 정회원/ 시화 다수 참여(22년)
o. 동요사랑 페스티벌 동시작가(22년)
   [미소 / 꽃 필때 오는 눈]
o. 저서
   글이 나의 벗되다(시조집)
   들길이 맛나다
   동인지 : 창작동네 감성시 특집_(꽃잎의 미로)

새벽을 연다

瑞顯 임효숙

심장을 긁어내리며
환풍구
울어 대는 소리에

가을바람
창문 흔들어
이별을 준비하는 낙엽

어스름한 새벽길

차바퀴에
으스러진 온몸
고통스러운 아우성

바람 따라 떠나는

악보 없는
절규 속에 하모니
하루라는
달력 활자가 온다

새벽 문 닫고 해가 뜬다.

임효숙

가을 배추꽃

瑞顯 임효숙

한짐 짊어지고 살아온 날들을
너도 주고 나도 주고
나누며 살다 보니
마른 들녘 참새떼만
포로롱 전깃줄에 앉았네

집 가 옆 텃밭에는
푸른 절개 겹겹이 쌓아는
가을에 제일 예쁜 꽃
소담 소담 피워놓고
농심의 입가에
미소담아 선물하네

노랗게 속살 보이는 날
온 동네잔치하고
올 한 해 대풍이라
돼지 보쌈 겹경사네

아!
일 년 양식
집집 마다 채우는구나.

사계절 청춘이다

봄이
파릇한 새순의 입술
옹알이로 새벽잠 깨우니
아침은 청춘이다

초록이
따가운 햇살 피해
그늘에 앉아 쉼하며
땀을 식히는 나른함은
오후의 청춘이다

단풍은
태연한 채 자신의
심장을 녹이며
애간장 빨갛게 태우고
그 속에서 버티는 녹음은
정열의 청춘이다

욕심을 비우고
가진 그것을 다 버린 몸
가을비에 온몸 적시고
통곡하는 오열은
미련일랑 벗어 던진
알몸의 청춘이다

새로운 세상을 동경하는 청춘이다.

임효숙

봉선화 연정

瑞顯 임효숙

뒤뜰 장독대
소복이 흰눈이 쌓이는 날
손톱 끝에 남겨 놓은
그리움 초승달 되고

고된 삶 살으시며
집안 뜨락에
햇살처럼 따스한 마음으로
고운 미소 꽃 피운다

푸른옷 속에 숨겨 놓은
사랑의 약속 이루지 못해
피멍든 붉은 노을은
세월따라
흰눈 되어 펄펄 하늘로 올라갑니다.

가을의 기도

어둠이 채 가시기 전
촉촉한 안개 속에
홀로 걷는 너를
기다린다

얼굴색 누렇게 떠
시린 가슴
서걱거릴 때
뒷짐 벗어 놓고
홀연히
떠나려는 듯 툇마루에 앉는다

살아온 세월 동안
비워둔 내 가슴에
촉촉이 젖은 널
꼬옥 안아 주련다

가슴에 안겨
뜨겁게 낯 붉히다
편히 쉬어 보라고

간절히 기도하련다.

임효숙

창작동네 시인선

장정희

시인, 화가
이화여대 독문과 졸업, 홍익대학교 대학원 실기전문과정 수료
2007년 계간 현대시선 시부문 신인상 수상 등단
2022년 광교산 시화전 현대작가대상 수상
2022년 제7회 시동네 문학상 수상
개인전 : 5회(인사아트프라자, 인사아트센타, 동경주일 한국문화원)
부스전 : 아트와우이즘(라메르 2021,) 서울아트쇼,
　　　　 조형아트쇼(2017, 2018) 외 다수 부스전
단체전 : 14회 아트와우이즘전,(인사아트센타, 갤러리 라메르 등)
　　　　 2007년 북경 현대미술전,
파린회전, 국가보훈협회전, 한국미술협회전외 다수 단체전
아트와우이즘 7대 회장역임, 현대시선 작가협회 부회장 역임.
현재 : 현대시선 작가협회 고문, 아트와우이즘 운영위원,
　　　 한국미술협회, 국가보훈협회등 회원
저서 : 시집 그대 들꽃으로 피고
공저 : 수레바퀴 외 다수
시화 : 아차산, 광교호수공원, 무의도, 소래포구
E-mail : hayn2001@gmail.com

가을이 오는 소리

　　　　　　장정희

귀뚜라미 귀또르르 우니
가을이 시작되었다
마스크 끼고 다니던 여름도 지나가고
가을이 되니
언제 마스크 벗고 맘껏 산책을 할까
희망해본다
마음에 입은 상처들이 아물기를
기도한다
예전이 좋았더라고 외쳐본다

시간이 흐르고 흘러
아물게 되기를
태풍이 흘러간 곳도
주님 안에서 회복되기를
씻고 일어나기를 기도한다.

　　　　　　　　　　　　장정희

하늘거리는 쑥부쟁이

장정희

파아란 물이 뚝뚝 떨어질 듯
높아진 가을 하늘
하늘하늘 흔들거리는 쑥부쟁이가
살포시 고개 들어 바람에 흔들리면
마음에 외로움이 찾아온다

누군가에 대한 그리움의 몸짓
사부작거리는 쑥부쟁이
파아란 하늘에 흔들리면
하늘을 닮은 듯 파랗게 물들어간다
하늘거리는 춤사위에
눈물방울고이는 그리움 얹어
하늘로 쏘아 보내고 싶다

가을 그림자가
가을하늘 닮은 쑥부쟁이에 깃들고
황혼녘이 짙어지면
고독한 쑥부쟁이는
꽃잎을 쫑긋거리며 외로움의 몸짓으로
하늘로 날아오른다.

바스락거리는 낙엽소리

바스락 거리는 소리에
놀라 바라보니
온 산이 내려놓은 낙엽들로
땅바닥에 낙엽 꽃들이 피었다

순식간에 낙엽이 되어버린 나무들
가끔은 새하얀 눈옷도 입혀주고
쌩쌩부는 매서운 겨울바람도 견뎌야할 것이다

추운 고난의 겨울이
우리 앞에 펼쳐질 때
나목들은 떨며 견디며 고난을 이겨내겠지

창조주가 주신 시련으로
단련되어 정금같은 마음이 되어 나아오리라
때로는 새하얀 눈꽃같은
하얀 천사가 포근하게 감싸주리라

내 앞에 펼쳐진 알록달록 낙엽들이
다 내려놓고 더 내려놓고 가듯이
바스락거리며
삶을 놓고 가는 구나

장정희

자유로운 영혼의 비상

장정희

자유로운 영혼의 외침이
마음을 사로잡을 때
높은 산에서 마시는
한잔의 커피가
여유와 자유를 느끼게 한다

홀로라도 좋다
둘이라도 좋다
마음이 통하는 사이라면
어떤 상태라도 자유를 느낄 수 있다

솔체꽃의 아름다움을 아는가
강원도의 깊은 산에서 피었던 존재
홀로 외로이 피운다할지라도
그만한 자유로운 영혼은 없으리라

행복하라
행복을 느낄 수 있는
자그마한 공간이 있을 때라도
자유로운 영혼의 비상을 느낄 수 있으리라.

가을의 향기가 묻어나오면

가을의 향기가 묻어나오면
숲속 전체가 들썩인다
겨울을 준비하는 모습으로
알록달록 물들은 낙엽들 속에서
고려엉겅퀴에 이르기까지 분주해진다

밤새도록 반짝이는 별들도
더욱 높아진 파아란 하늘도
짧은 가을을 보내는 맘으로
갑자기 햇살을 가로질러
바람과 함께 질주를 한다

길어진 그림자에
인생의 고독이 묻어나오고
마음은 한없이 비어지는
공간의 연속이다

가을의 향기가
숲속의 바다에 묻어나면
밤새도록 가을은
바람소리와 함께 다 비어진다.

장정희

창작동네 시인선

鶴里 정병운

경기 양평 출생
행정학박사(일반행정)
백석대 법정경찰학부 교수(전문경력)
가천대 글로벌교양학부 외래교수
중앙선거방송토론위원회 상임위원(1급 관리관)
한국정책포럼 부회장
계간문예지 문학愛 등단(시 · 수필)
현) 한국문인협회 회원_문학애작가협회 정회원
   현대시선 회원_동대문문인협회 회원
   재단법인 동대문문화재단 이사
수상
홍조근정훈장/대통령표창/서울특별시장표창
양평을 빛낸 인물/계간 문학애 신인문학상
저서
빛나지는 않지만 사랑이라네(제1집)
나의 소망 나의 노래(칼럼집)
이제 가거라(묵상 에세이집)
국민과 정치(교양과정 교재)
詩 오솔길(동인지) 등

선과 원 線과 圓

　　　　　　　　　鶴里 정병운

세상사
사는 이치 선과 원에 있었다네

곧게 나아가다 보면
다시 돌아오지 못해
선의 아픔 여기에 있고

계속 헤매며 돌아다녀도
어느샌가 다시 만나게 되니
원의 원만함 여기에 또 있구나

선은 선이로되 구부리면 원이 되고
원은 동그라미 펴면 선 되니
선과 원은 本時 하나인 것을

　　　　　　　　　　　　　　정병운

침묵소고沈黙小考

鶴里 정병운

말이 없다고
침묵이 아닙니다

말이 없다고
긍정이 아닙니다

할 말은 하는 것이
진정한 침묵입니다

말을 해야할 때
침묵하는 것은 구실찾기

말을 해야할 때
온당한 말을 하는 것은 도리입니다

연리지

둘러보면
세상 모두 얼켜 있구나

외양은 멀쩡한데
꼬이고 꼬여 실타래 되었네

믿었던 친구
언제부터인가 동쪽을 보는데
나도 모르게 서쪽에 있는 자신을 발견한다네

그게 무에 어때서
자연스런 세상 이치 아니던가
그래도 아쉬운 건
때론 한 몸되면 좋을 것도 같으이

나 보란 듯
연리지 천년을 기대며 사네

정병운

비밀

鶴里 정병운

쉿, 이건 비밀이야!

나에게만 알려준다고 속삭입니다
귓 속에 대고 말해줍니다
다음 날 아침 새 소식을 듣습니다
새 소식 어제 그 비밀입니다
나만 알고 있으라던 비밀입니다
참으로 신기합니다
꽤나 오래갈 줄 알았는데 채 하루를 못넘기네요
그래도 재미가 있습니다
하늘에서 보면 다 아는데 비밀이라니 말이에요
비밀이라 믿은 내가 한참은 한심해 보입니다
세상에 비밀은 없습니다

잠시동안 커튼만 있을 뿐입니다

좋은 사람 나쁜 사람

우리는
오늘도 군중 속에 섞여 산다

누가 누군지 모르고
살다 보니 알고 지낸다 가까운 척
어느 때 일 나면 그 사람 그런 사람이었대 호들갑

이렇쿵 저렇쿵
가지가 숲을 이루고 산을 덮는다
하얀 사람 파란 사람 빨간 사람 검은 사람이 된다

나에게 잘해주면 좋은 사람
마음 아프게 하면 나쁜 사람
좋은 사람이 나쁜 사람되고
나쁜 사람이 때론 좋게 보이는 세상살이

한없이 어렵구나 사람보기가
이제라도 좋은 눈을 가져야겠다

정병운

창작동네 시인선

정수옥

거주 동해
묵호 부설방송통신고등학교 졸업
현대시선 2016년 가을호 시 부문 신인문학상 수상
현대시선 문인협회 이사
(사) 동해한국문인협회 정회원
2011년 대한민국미술대전 수채화 입선작 자아도취
2012년 신사임당미술대전 수채화 입선작 기다림
2013년 대한민국미술대전 수채화 동상 화려한 외출
2016년 대한민국미술대전 특선작 고향
공저 : 수레바퀴 외 다수

해바라기

정수옥

눈부시어 일어나니
해바라기 미소가 오고 있다
곤드레 만드레
피곤의 숲속을 헤매던 사념은
어디론가 사라져 버렸고
따가운 햇살에
해바라기는
푸른 하늘과
향기로운 풀 위에
오만스레 빛발하고
하늘만 바라보았네
침묵으로 하루를 나에게
미소만 보내네.

정수옥

복수초

정수옥

내가 너를 만나
사랑이라는
따뜻한 온기를 느꼈으니
너를 해마다
기다릴 수밖에
산불이 났어도
코로나로
세상살이 힘들어도
너만이 고이고이 물들고
사랑이 더하여
희망이라는
채우므로 가득하리

기다림

봄을 시기하듯이
화를 이기지 못하고
성이 나버린 산불

먹구름이 지나간 듯
어둠으로 얼룩진 사람들의
소리없는 아우성

코로나로 힘든 여정 속에
피어난 복수초 아름다운 자태
우리들에겐 희망의 꿈

꽃망울 맺힌 그대는 단비가 되어
오늘도 활짝 웃음꽃 피운다.

정수옥

친구

정수옥

가을이 물들여지고
천고마비의 계절에
정겨운 친구들을 만나니
우리의 인생도
황금빛으로 익어간다

그 시절
돌아갈 수 없지만
아는 이 없이
아무런 관심 없다고 한들
조건 없이 반겨주는
우리들만의 동행

그 무엇이 부러울까
친구라는 두 글자에
웃어도 보고 울어도 보고
서로에게 위로가 되는 말
세상 다 가진 듯
행복으로 물들어
서로를 이해하듯
얼싸안으며
그 시절 속에 나를 묻는다

술을 과다하게 마시면
술로 태어난다던
어느 친구의 말

술이 독이 될 수 있으니
건강하게 살기를

건강한 몸과 마음
오래오래 물들어
풍선처럼 부풀어
높이 높이 날아라

행복이 가져다준 선물

여든이 넘으신 어머니를 모시고
눈부신 여정 속에
동해농협 주부대로 향하여
먼 길 달려 발걸음하신 기자님
그녀의 마음속 깊은 곳
감출 수 없었던 질문 사이로
속내를 보여준 그녀
어느덧 쉰이 되어 버렸지만
미혼으로 남아
아직도 결혼할 생각이...
만약에 배우자가 생긴다면
마음이 편안한 동반자
인생의 행복을
삶의 여운이 담긴 작가가 꿈
효녀이자 꽃보다 아름다운 그녀
어머니와 함께 동행하고 싶다고
남은 인생을 즐기는
그녀 이름은 백현주 기자님
사랑과 행복한
꿈이 이루어지시길….

정수옥

창작동네 시인선

자올 정용완

현대시선문인협회 정회원
다솔문학 회원
(사)종합문예 유성신문 편집국장
(사)종합문예 신문사 기자단장
(사)한국 음악저작권협회 회원
함께하는 중심 언론협회 회원
국제 탐정사1급 자격증 취득
나눔을 사랑하는 모임 자문위원

비가 내려요

자올 정용완

밖에 비가 내려요
빨래가 젖어
그대로 있어요

빨래를 걷어야지
엄마는 그대로 있어

젖어 있으니까
그냥 그대로 둬

우산을 쓰고
장화를 신고
흙탕물에서 물장구를 쳐서
바지가 젖어

엄마에게 야단을 맞는다.

정용완

가을

자올 정용완

국화꽃도 피고
논두렁엔 메뚜기가 뛰어놀고

상금 다가서서
메뚜기 한 마리를 잡아요

고추잠자리도
여치도 우는 밤에
엄마와 아빠 그리고 나
밤하늘에 별을 봐요

색동옷으로 갈아입고
세상도
새 옷으로 갈아입어

또 잎이 떨어져요
낙엽을 밟아 봐요
낙엽을 날려 봐요

나뭇잎이 떨어져

바람은 심술쟁이
어디서 온 지 몰라요

은행잎도 뒹굴고
낙엽이 바람 뒹굴고
내 발자국 사이로 날아가 버리네

낙엽을 한 줌 지고서
내 키보다 높이 뿌리고
내 머리 위에 살며시 앉는다.

정용완

홍시 하나

자올 정용완

겨울에 별미
홍시 하나를 먹어
배가 부르고
낮잠이 쏟아지네

홍시 하나와
삶은 고구마 하나
동치미를 마시며
훈훈한 옛이야기를 듣네

먹거리가 풍부한 도시
먹거리가 부족한 농촌

먹거리는 고구마
그리고 홍시가
우리들의 먹거리가 되네

부르프 카페

친구가 운영하고 손님이 즐겨 찾아
명소가 되어가듯 찾는 길 쉽지마는
구수한 커피 향기가 가는 길을 멈추며

갔다가 향기 취해 모습은 순박해져
흘러온 음악 소리 취향도 다르지만
그대는 화려한 모습 아니지만 순박해

정용완

창작동네 시인선

정원 주효주

경북 포항 거주
사단법인 문학愛 시 부문 등단
현대시선 문학사 시 부문 등단
공저:문학愛 바람이 분다 다수
공저: 수레바퀴 9외 다수
수원 광교호수 시화전 다수
소래포구 시화전
가람 서정우 시화전 다수(목판 석판)
글벗 문학회 시화전 다수
세계 충효예술문학 대상 수상
대한민국 예술대전 대상 수상
창작동네 시담문학대상 수상
제1시집 새벽을 여는 여인
제2시집 당신 곁에 저 있나이다
동인지(감성의 온도)
동인지 (꽃잎에 미로)외 다수
동인지 (감성 연가)

연이은 기상이변

정원 주효주

찬 바람 불어 머잖아 이별할 것도 많겠습니다
자연은 갈수록 성을 내며 찬 겨울 길만 걷는듯하고
별 없는 겨울 숲을 혼자 외로이 가는듯하네요
먼 길 가난의 행복도 걷어가는 성난 바람
몇 번을 정해놓지 말고
지구 이변을 매번 되돌아볼 필요가 있어야 합니다
지켜내야 할 일은 우선 나부터 비겁해 말고
겸허와 진실의 삶이 우선되어야 합니다
그래서 황홀하게 빛나는 진주를 캐내는
승리의 기쁨을 누려야 되지 않을까요
바람아 멈추어다오
하늘이 운다고 바람 너도 성내며 울어대면
더 슬프단다.

지금도 자연에게

정원 주효주

하늘을 누비는 초록 잎들
나에게 인생의 쓴맛을 알려준 자연

이 좋은 계절
연초록 잎들이 단맛을 선물합니다

파스텔 시화 액자를 바라보며
이보다 더 좋은 아침이 있을까
감사할 따름입니다

오늘 밤에는 높이 뜬 달을 보며
따뜻한 허브차를 마시며 달과 눈맞춤으로
사랑을 나누겠어요

스킨다비스는 줄기 어디를 잘라도
아픈 자리 금방 아물며 생명을 키우는 것처럼

뚜벅뚜벅 흐르는 대로 내 마음을 맡기며
간결하나. 품위 있게
강직하나. 부드럽게
살아가렵니다

어둠 속에서도 생명을 이어가며
푸른 잎 뻗어 가며 쉬지 않고 사랑의 하트를
날려주는 식물들이

감사를 가르쳐 주네요….

주효주

잘못된 씨앗

정원 주효주

이웃을 위하여 나를 비우는 건
인간의 과도한 욕망을
잠시 멈추게 합니다

세상의 피로를 안고 찾아와
내 등에 기대는 누군가가 있다면
축복일 것입니다

수정해서 전하는 말은
수정하기 전 그에게 꼭 다시
들어 볼 일입니다

세속적으로 보면
삼자대면이라고나 할까요?

죽은 후에도 뜻대로 안 되는
우리네 인생

뼈가 저리도록 아프게 전해오는
수정된 말들

차라리 나를 완전히 잊어 주세요
그 파편들 때문에
더는 아프고 싶지 않아요

인생을 언어의 힘으로만 사는지요
나쁘게 변이된 놀라운 씨앗들로
자신마저 할퀴지 마세요

상대의 말을 모두 부정으로
듣지 말기를 청원합니다….

그리고 전하려거든 수정하지 마시고
도장 찍듯 그대로 찍어 전하세요

아마도 분명 자신에게 좋은 일이
생길 겁니다

주효주

외길 인생

정원 주효주

조용한 밤 혼자
공원을 걸어봅니다

뜬금없이 온돌방이 그립고
한 발자국 한 발자국에
의미를 두고

여유롭게 이것저것과 함께하며
이만하면 됐지

영양주사 맞는 기분으로
고삐를 내립니다

따끔할 텐데도
너무 감정적인 부분은
정화하고

나는 天命
외길 따라 돛을 올립니다

태풍

꽃으로 피어나야 할 대지가
사색으로 까진 못 가드래도
이웃의 음성들이 고개를 숙이고
빗속으로 젖어오듯 평범한 일상이
그들에겐 아직 빗속에 있다
밖으로 나가는 웃음도 젖어있는
그들에게는 죄가 되는 듯 아프다
눈물로 무늬진 재가 되어버린 누런 흑탕들
사랑하는 임이여
그들의 눈물을 말려 주시고 오래도록
해를 기다리게 마시고 고운 하늘을 마시고 싶을 만큼 유순하게
돌아올 수 있도록 도와주시고 평화를 주소서...

주효주

창작동네 시인선

최정민

거주 전북
현대시선 시 부문 신인문학상 수상
현대시선 문인협회 정회원
수   상 : 영상시 신춘 문학상 베스트상 수상
시화전 : 전곡항. 용인농촌테마파크 참여

빛무리

최정민

계절 마디에 묶여있던 바람이

꽃잎을 비벼대고
이파리에 몸을 포개면

구름 뒤에서 엿보던 달빛이
거친 숨결을 뱉어내고

동그랗게 발광하는 새벽을
물끄러미 바라보는 헝클어진 바람은

나그네 마냥 다시 길을 떠난다

여백

최정민

나를 어디에 두고 왔을까

새벽 물안개를 비집고
일어서는 동녘 둥근해를 따라
푸른 하늘을 날던 그 무지개 꿈

한치의 여백도 없이
달음질쳐대던
환한 미소들이 졸고 있는 풍경

장조에서 단조로
단조에서 변주곡으로
갈아타던 선율

내 쉼표는 어디에서
점을 찍나

내 안에 고인 고된 것들을
여백에 쏟아붓고
미친 듯 심장을 열고
세상을 향해 웃어보자

언젠가 살포시 설 꽃을 피울 겨울나무처럼

그냥
뚝 나를 내려놓고
만월을 향해가는
달빛 아래 누워보자

최정민

도요새의 월동

최정민

파도에 묻힌 돛단배 하나
또
주저앉은 흰 물새의 울음 둘

허공에서 방황하는 먹구름 셋

모두 기슭에 닿지 못하고
허물어져 가는 것이
어제 불던 바람 때문이라고

길 잃은 도요새가
떨어진 바람의 등을 타고
내려와서는
슬픈 파도를 쪼며 중얼거린다

미처 지우지 못한 이별은
사방팔방으로 흩어져 축축하고
해안을 따라 부는 바람은
정처 없이 북으로, 북으로 길을 나서고

허공

앞마당 홍시들이 살갗을 찢으며
쫀득쫀득 비벼대고

정원에서는 천일홍이
소란스럽게 지나는 바람 소리에
졸다가 일어납니다

들판 허수아비 웃음은
텅 빈 개다리 춤을 추다
보리밭 갈이로
시신도 없이 사라집니다

푸른 별이 되겠다던 그 사람
달빛을 먹고 살겠다던 그 사람

어느 별에 쉬었다 오시는지
몇 억 광년의 길을 나서기나 한 것인지

숭숭 구멍 뚫린 낙엽들은
발밑으로 자꾸만 채이는데
샛노란 은행잎이
님 마중 간 것만

님의 모습은 그 어디에도 없습니다

최정민

산국

최정민

여름 폭우에
그리운 얼굴들이 산으로 떠내려가
언덕으로 밀려나고

가냘픈 기억들은
부풀고 부풀어
노란 꽃잎이 되면

한 무리 추억은
무심하게 웃기만 합니다

그 슬프고 아름다운 향기에 입맞춤하면
익었던 사랑이 뚝뚝 떨어집니다

산국이 피었다 지고
순수한 사랑은 그렇게 왔다가 떠나는
지금은 가을입니다

동백꽃과 동박새

동백꽃을 보면
당신이 생각납니다

꽃을 피우는 것이
모진 겨울 찾아온 당신 같아서

동백꽃을 보면
당신이 생각납니다

모가지 채 꽃을 떨어뜨리는 것이
모진 겨울 다 지나고 떠나는
당신 같아서

그 짧은 순간 달콤한 꿀을 빠는 동박새가
슬픈 피아노를 치는 나 같아서

최정민

창작동네 시인선

탁경민

(사) 종합문예유성_시, 시조. 수필 부문_신인상 수상
(재) 수원시 문화재단 詩공모전에 당선
(사) 종합문예유성_황진이문학상_단시조 부문 금상수상
    종합문예유성_국자감문학상_시 부문 으뜸상 수상
    종합문예유성_국자감문학상_시 부문 최우수상 수상
    종합문예유성_집현전문학상_시 부문 최우수상 수상
    종합문예유성_문학발전위원
    종합문예유성_글로벌 문인협회 정회원
    종합문예유성_글로벌 문예협회 정회원
    현대시선 문인협회 정회원

능소화의 한(恨)

탁경민

푸른 꿈 품어 안고 들뜨는 마음으로
한평생 함께하려 그 임과 맺은 사랑
담장을 넘으려다 하늘에 꿈을 두네

하얀 꿈 꼬깃꼬깃 마음에 새겨두고
당신의 지아비로 일생을 살려 하나
떠나간 임이 되니 아무런 기별 없네

오실 날 기다리다 한 맺힌 세월 되고
담장 밖 소식 없어 애간장 녹아들어
심장에 한을 풀다 붉은빛 물들였네.

샛별을 품다

탁경민

태양이 솟아올라 아침을 열어주고
해님이 휴식하러 서산에 숨어드니
저녁에 노을 져서 황혼이 다가오네

석양에 뉘엿뉘엿 어둠이 시작되면
달님이 실눈썹에 화장을 곱게 하고
달빛이 밝은 날에 별들이 속삭이네

밤하늘 별을 딸 듯 희망을 품고 살며
평생에 좋은 날 만 찾아서 다니다가
샛별이 빛나는 밤 저무는 인생이다.

억새풀

드높은 하늘에는 뜬구름 뭉게뭉게
산등성 언덕에는 억새풀 이리저리
날리는 바람결에 머리칼 풀어헤쳐

바람이 훑고 갈 때 산길에 뿌리려고
헝클진 솜털 고민 한웅큼 움켜쥐고
바람아 불어다오 소원을 빌고 빌자

맑은 날 찬 바람이 세차게 불어주니
머릿속 헝클어진 고민을 헤집어서
한 조각 한 조각씩 솜털을 털어내네.

탁경민

청산유수(靑山流水)

탁경민

청춘이 흘러가는 세월은 줄달음쳐
산천에 노니는데 물결에 흠뻑 적셔
유유히 즐기려고 꽃향기 퍼뜨리며
수려한 강산 찾아 쉼 없이 달려가네

청산은 말이 없이 두 팔을 벌려주며
산골에 함께 살자 보듬어 감싸 안아
유순한 나그네를 가슴에 품어주니
수수한 마음 바쳐 산속에 나를 묻네

청산에 빠져 사는 자연에 묻힌 인생
산나물 즐기면서 건강한 생활방식
유구한 세월 속에 청춘은 늙어가니
수수 빛 얼굴 보며 잘 가라 인사하네.

나뭇잎 씨앗

붉은빛 예쁘다던 탱탱한 시절에는
날 보러 몰려드는 길손이 줄을 이어
밤낮을 잊을 만큼 설레는 삶이었네

만산에 홍엽 절경 잔칫상 벌여놓아
풍악을 울린 시절 어느새 흘러가고
나뭇잎 생명 다해 머무르지 못하네

스산한 늦가을에 무심한 세월 따라
정든 곳 떠나갈 때 한 조각 떨구더니
새 생명 이어가는 씨앗 한 알 남기네.

탁경민

창작동네 시인선

明光 한현수

거주 : 경북 구미
현대시선 시 부문 신인상 수상
현대시선 문인협회 정회원

타버린 사랑

明光 한현수

앞뒤를 가리지 않고 불에 뛰어드는
철없는 불같은 사랑 불나방은 불에 타
죽고 물불 가리지 않고 화끈하고 화려
했던 아름다움 뒤에는 아픈 사연들이 있다

상처도 있고 불에 나무탄 숯덩이처럼
숯 검둥이 대는 내 마음도 타며 재가되어
타버리고 화려했던 아름다움도 즐겁고
기쁨도 짧고 슬픔과 괴로움은 길다

아픔과 고통을 감내하고 상처받은 마음
지루하고 지겨운 장마철 기간에 폭우가
내리듯 잔병치레하듯 긴 터널을 아픔과
고통을 참아내고 빠져나가듯 견디면서
마음의 상처를 치유해야 할 것이다

인고의 인내력으로 참고 견딜 때 내공은
쌓이고 단련되어 마음의 상처도 치료
할 수 있고 아픔만큼 성숙하리라.

낙엽 비

明光 한현수

붉은빛 고은 단풍잎
퇴색 낙엽 떨어져
앙상한 나뭇가지

아름다운 화려함 저녁놀
석양을 붉게 물들이는
고 은색 어둠에 사라지고

갈바람 낙엽비 꽃이 되어
화려한 아름다움 마지막
가는 가을 아쉬움 그리움 가득

지나가는 계절 아쉬운 배웅
산책하다가 밟는 바스락
낙엽비 고은 소리

온 듯 간 듯

소리 없이 살짝 왔고
조용히 스쳐 가듯 갔다
오고 가는 시간 세월은

광속도 브레이크 없어
뭐 그리 급해 번갯불에 콩 구워
먹는 사라지는 숫자들

돌아서면 연초인데
아침 햇살에 사라지는 이슬
빨리 가는 일 년 월일

온 듯 간 듯 바람 스치듯
세월은 일장춘몽 신기루

한현수

달팽이

明光 한현수

무엇이 급한가
쫓기듯 초조하고 불안한
앞만 보고 달려온 세월
여유가 없었던 삶 생활

편하게 여행 한번 맛있는
음식 먹지 못하고
이제는 여유 있는 시간

천천히 느긋하게 즐기리라
하늘도 보고 풍광도 즐기며
유유적적 구름을 벗 삼아

발길 닿는 곳 소풍을
우보천리 느릿느릿 급할 것
없는 달팽이 삶 짧은 순간
쫓기는 삶 벗어던지고

여유 있게 천 리 길도 한걸음
시작이 절반 끝은 보인다
서서히 끊임없는 도전을.

독자의 마음

글을 잘 썼다고
여겼는데 싸늘한 반응
글을 못썼다고
여겼는데 반응이 있다

멀고 먼 창작 어찌하면
마음을 얻을까
고민하고 고심해도 생각은 멍
생각이 안 난다

심금을 울리고 짠한 감동
어디서 찾을까

뜬구름 쫓는 마음 잡기란
하늘에 별따기
어렵고도 험난 경험 체험
하면 나으려나

어렵고도 어려운 독자들
마음잡기 감동 주기
시간 가고 세월 가면
느낌이 오려나.

한현수

창작동네 시인선 160

13월의 시

인 쇄 : 초판인쇄 2023년 2월 20일
지은이 : 정설연 외
편집장 : 정설연
편집인 : 윤기영
펴낸곳 : 노트북
등 록 : 제 305-2012-000048호
본 사 : 서울시 동대문구 사가정로 256-4호 나동B101
전 화 : 070-8887-8233 팩시밀리 02-844-5756
H   P : 010-8263-8233
이메일 : hdpoem55@hanmail.net
판 형 : 신한국판형_P256_145-220

2023 2월 & 13월의 시_40인의 명작시 산책

정 가 : 15.000원

ISBN : 979-11-88856-61-9-03810

*저자와의 협의로 인지는 생략합니다.
*잘못된 책은 교환해 드립니다.